MEU CASO DE AMOR COM O BRASIL

Copyright © 2025
Bruno Barba

Título do original italiano:
Brasile e nuvole: trent'anni e più di incanto e disincanto
milieuedizioni, 2023

Todos os direitos reservados à Pallas Editora e Distribuidora Ltda.

EDITORAS
Cristina Fernandes Warth
Mariana Warth

COORDENAÇÃO EDITORIAL
Daniel Viana

ASSISTENTE EDITORIAL
Daniella Riet

REVISÃO
BR75 | Clarisse Cintra

PROJETO GRÁFICAO E CAPA
Raul Loureiro

Este livro segue as novas regras do Acordo Ortográfico da Língua Portuguesa.

DADOS INTERNACIONAIS DE CATALOGAÇÃO NA PUBLICAÇÃO (CIP)
(CÂMARA BRASILEIRA DO LIVRO, SP, BRASIL)

Barba, Bruno
    Meu caso de amor com o Brasil : 33 anos de encanto e desencanto nas viagens de um antropólogo italiano / Bruno Barba ; tradução Adriana Marcolini. -- Rio de Janeiro : Pallas Editora, 2025.

    Título original: Brasile e nuvole: Trent'anni e più di incanto e disincanto.
    ISBN 978-65-5602-156-0

    1. Crônicas jornalísticas 2. Cultura afro-brasileira 3. Candomblé (Culto) - História 4. Relatos de viagens 5. Relatos pessoais 6. Religiões afro-brasileiras 7. Religião e política 8. Religião e sociedade 9. Sincretismo (Religião) 10. Sincretismo cultural I. Título.

25-249152   CDD-306.6910981

Índices para catálogo sistemático:
1. Brasil : Antropologia cultural e religião : Sociologia 306.6910981
Eliete Marques da Silva - Bibliotecária - CRB-8/9380

PALLAS EDITORA E DISTRIBUIDORA LTDA.
Rua Frederico de Albuquerque, 56 – Higienópolis
CEP 21050-840 – Rio de Janeiro – RJ
Tel.: 21 2270-0186
www.pallaseditora.com.br | pallas@pallaseditora.com.br

MEU CASO DE AMOR COM O BRASIL

33 ANOS DE ENCANTO E DESENCANTO
NAS VIAGENS DE UM ANTROPÓLOGO ITALIANO

BRUNO BARBA

TRADUÇÃO
ADRIANA MARCOLINI

SUMÁRIO

PREFÁCIO 9
MEU BRASIL 15
O BRASIL *BELLO* E *MALEDETTO* 19
ATERRISSAGEM 25
TRÊS DÉCADAS DEPOIS 43
SÃO PAULO, A ALEGRIA E A ANGÚSTIA 73
RIO, A ABENÇOADA 103
BAHIA, A MAGIA E O SONHO 135
NA PERSPECTIVA DO CANDOMBLÉ 159
REPENSANDO 189

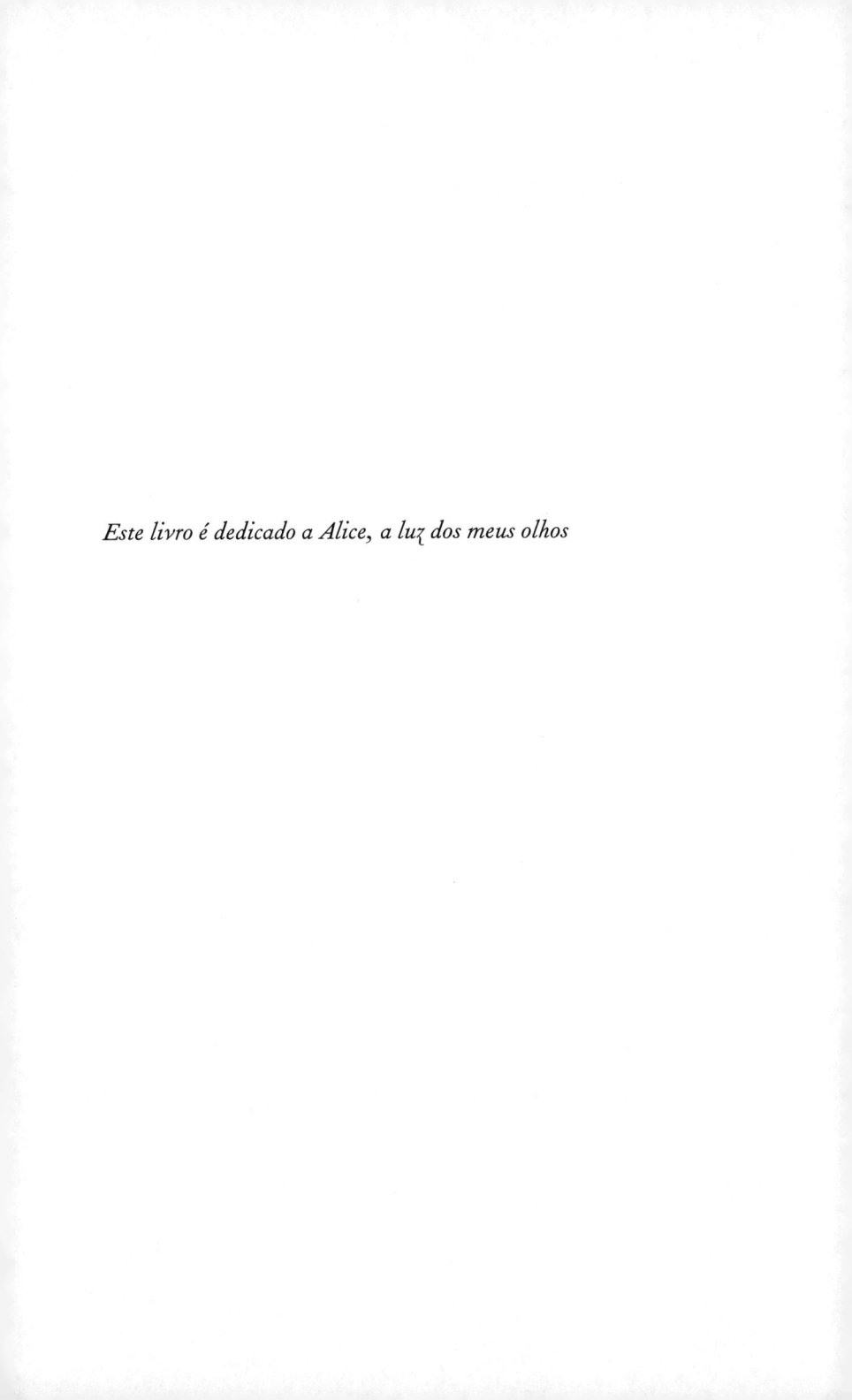

Este livro é dedicado a Alice, a luz dos meus olhos

PREFÁCIO

REGINALDO PRANDI

Em 10 de julho de 1990, Bruno Barba, estudante italiano da Universidade de Gênova, desembarcou em São Paulo em busca de um objeto de pesquisa para seu trabalho de conclusão do curso de graduação, pelo qual se formaria antropólogo. Mais que um objeto de pesquisa, encontrou um país. Desde aquela viagem, Bruno veio ao Brasil quase todo ano, conhecendo capitais e cidades do interior e do litoral, cada lugar interessante, do mar à floresta, dos sertões aos grandes rios. De praias e montanhas, Bruno muitas vezes disse "Vixe!", como aprendeu comigo, eu acho. Encontrou os parentes italianos e os filhos deles em São Paulo, na capital e no interior, e também na Bahia. Fez amigos em todos os lugares. Virou hóspede preferencial em minha casa, na paulistana Vila Mariana, enquanto eu fazia o mesmo em sua casa, na cidade piemontesa de Alessandria, e também em Milão e Turim, quando morou, temporariamente, nessas duas últimas. Fomos guias um do outro, aqui e lá, mas juntos também fomos guiados por outros em muitas partes do mundo. Acho que andei por lugares da Itália que a maior parte dos italianos nem imagina existir. Da mesma forma, o Brasil é conhecido por Bruno, inclusive lá onde quase todo brasileiro jamais foi nem irá.

No verão europeu de 1990, inverno brasileiro, enquanto Bruno vinha para São Paulo, eu ia para Berlim, onde eu tinha um curso para dar na Universidade Livre, junto a Antônio Flávio Pierucci. Havia mais o que fazer por lá, por isso atrasei minha volta. Primeiro, assistir ao desmonte do Checkpoint Charlie, tirado do lugar por um guindaste, sob o olhar dos chefes de governo das quatro potências que ocuparam a cidade desde o fim da Segunda Grande Guerra até aquele momento histórico. O muro que dividia Berlim havia sido derrubado fazia alguns meses. O fim desse tenebroso posto de fronteira entre a Berlim Ocidental e a Oriental representava o início do processo de reunificação alemã. Depois, o interesse em participar, dias mais tarde, da grande caminhada de estudantes, professores e quem mais quisesse ir, que saiu do centro do Tiergarten, passou pelo Portão de Brandemburgo e foi até a Alexanderplatz, juntando a cidade numa só. Para depois jantarmos na casa de um colega alemão, que até mudou o sobrenome para parecer brasileiro. Se fosse italiano, não teria que mudar o sobrenome para parecer mais brasileiro, particularmente paulista. É o caso de Bruno Barba, que sempre se chamou assim.

Retornado a São Paulo, fui à USP para o começo das aulas, já em meados de agosto, quando as disciplinas de pós-graduação do segundo semestre no meu departamento eram iniciadas. Logo que a secretária me viu chegar, depois dos cumprimentos pós-férias, disse que havia um estudante italiano à minha procura. Já havia algum tempo que perguntava por mim todo dia.

Dei de cara com Bruno ao subir a escada para o andar em que ficava minha sala. Um estudante com quem ele descia conversando o alertou: "Olha o Reginaldo aí". No dia seguinte, já estávamos num terreiro de candomblé localizado em Pirituba, na Zona Norte da cidade. Se queria pesquisar o candomblé, tinha que começar pela casa do Pai Doda. Muita gente da minha faculdade costumava ir lá, a ponto de o pai Doda ser apelidado de o pai de santo da USP. Lembro que, naquela tarde, a casa tinha muitas visitas. Acho que era uma quarta-feira, dia do orixá Xangô, porque pai Doda nos disse para irmos direto para a cozinha para evitarmos a sala, que estava cheia de gente e porque ele queria que o "italianinho" provasse do amalá que ele acabara de fazer. Amalá, que se faz com quiabo, camarão seco, cebola, azeite de dendê e outros ingredientes — e que é o prato votivo de Xangô. Era quase uma prova de fogo para quem foi criado com espaguete ao molho de tomate. Pai Doda ainda disse, dirigindo-se a mim: "Mas pra você tem canjica branca, viu?".

Choveu muito naquele mês, tornando pior o trânsito que já era prejudicado por obras nas marginais do Pinheiros e do Tietê. Minhas caronas ao Bruno até a casa de seus tios, que residiam no Campo Limpo, nos propiciavam horas de conversa. Bruno foi aprendendo as regras básicas de sobrevivência em São Paulo, como nunca marcar dois compromissos no mesmo dia em lados diferentes da cidade. Se o compromisso fosse em um terreiro de candomblé, para uma entrevista, um ritual a ser registrado ou qualquer outra coisa que o trabalho de campo exige, então melhor deixar o relógio em casa, e a ansiedade também. No candomblé, tudo começa só quando começa, assim mesmo, e nada tem hora para terminar. Se tem pressa, vai na missa, vai no culto evangélico, fica em casa. Bruno ouvia um tanto quanto incrédulo e, enquanto isso, a chuva insistia, mais forte. Mais uma lembrança daqueles primeiros dias: num começo de noite, saímos da casa da minha amiga e ex-aluna Rita, que morava na Avenida Santo Amaro, em direção à casa dos tios de Bruno, e ficamos no carro parados no mesmo lugar na entrada da Avenida JK para a Marginal Pinheiros. Bruno precisava falar com Bárbara, que já devia estar dormindo em Turim, mas para isso tinha que chegar a um telefone público em que usava um cartão pré-pago para chamadas internacionais. Não podia falar do carro porque o telefone celular ainda não chegara ao Brasil. E ainda por cima corríamos o risco de cair em algum alagamento mais adiante. Com o passar das semanas, Bruno foi pegando as manhas da cidade e ganhando liberdade para se mover de cá para lá. Já na primeira viagem conheceu outros lugares, mas isso ele mesmo contará adiante. Ao final do terceiro mês, ele já tinha material suficiente para escrever a tese, a cuja defesa assisti em Gênova, devidamente hospedado em Alessandria por *babbo* Michele e *mamma* Giovanna, pais de Bruno, contando sempre com a companhia de Roberta, a irmã de Bruno, professora de matemática, que me apresentou o *tiramisù*, feito por ela mesma, o melhor que já comi e que repito sempre que vou lá. Nunca quis me dar a receita, o que me obriga a ficar para sempre seu freguês.

Ao longo dos anos, Bruno Barba se tornou um grande especialista em Brasil, sobretudo em questões ligadas às religiões afro-brasileiras, à imigração, ao preconceito e ao racismo, sem deixar de lado o trato de temas político-partidários e sua outra paixão: o futebol. Exerceu o jornalismo durante alguns anos, enquanto desempenhava, na Universidade de Gênova, atividades voluntárias de pesquisador e docente da cadeira de antropologia. Deixou o jornalismo para ingressar no quadro regular da docência. Já professor efetivo, criou, recentemente, o primeiro curso de graduação na Itália que tem o esporte como objeto de estudo principal. A procura pelo curso superou todas as expectativas. Bruno está sempre presente no rádio, na televisão, nos jornais e em muitos eventos quando o assunto é Brasil. Uma voz brasileira na Itália.

Bruno Barba é autor de muitos livros, dos quais 14 tratam do Brasil, de sua cultura, suas cidades, sua religião, sua música e seus esportes. Neste *Meu caso de amor com o Brasil*, o leitor encontrará um Brasil visto por alguém de fora, ao mesmo tempo apaixonado e crítico. Olhar de um antropólogo italiano que acompanha as mudanças, os avanços e os retrocessos do país há mais de três décadas, e que se sente completamente à vontade para dizer o que vê, de bom e de ruim. Um amigo do Brasil que fala dele sem nada esconder. Mesmo quando o que diz não é muito bom de se ouvir. Fala do que lhe desagrada, não deixando de celebrar que, do outro lado, se pode ver um país bom, bonito, gostoso e insubstituível, o Brasil odara.

MEU BRASIL
OU MELHOR, UM MODESTÍSSIMO POEMA

Meu Brasil. Brasil de esperança e de espaço infinito, de chuvas incessantes, de estudo, ritos e sofrimentos.

Meu Brasil, de São Paulo e da Bahia, do Rio e de Belo Horizonte, de Brasília, Fortaleza, Ouro Preto e Floripa. E de outros cantos e cidades por onde andei.

Meu Brasil de Amado e de Gabriela, do sorriso irresistível, sensual e sexualizado, de Dona Flor e de Vadinho, o malandro para ser amado, que procura te enganar, mas depois acaba te ajudando sempre.

Do Pelourinho, na Bahia, agressivo, intenso, musical.

De Caetano e das suas palavras reveladoras: Sampa incompreensível e depois minha amante; "linha do equador" que dá êxtase e felicidade; "trem de cores" que descarrila, vistoso ou taciturno; "luz do sol que a folha traga e traduz em verde novo".

Meu Brasil de Gil e de "Aquele abraço", de Djavan, 'art nouveau' da natureza, de Marisa e de Gal, de Elis, a "rainha", e de Adriana; dos "detalhes" de Roberto Carlos e daquela garota imortal, etérea, universal e ao mesmo tempo tão sensual, de Tom e Vinicius.

Meu Brasil de Chico e de "O que será, que será", poesia que descortina mais de um texto de filosofia aos mistérios da nossa existência.

Meu Brasil canibal e modernista, concretista e tropicalista, das vanguardas, da transgressão, dos grandes visionários; do trópico triste de Lévi-Strauss, das linhas essenciais e futuristas de Niemeyer; da teologia de Leonardo Boff.

Meu Brasil do pão de queijo e do cafezinho, dos cabelos molhados e cheirosos das morenas, daquelas noites intermináveis de medo, agitação e orgulho, passadas junto aos orixás, irmãos, pais, mães de todos nós.

Meu Brasil do pai Armando; meu Brasil do meu tio Nino, que tem um grandíssimo coração; das pessoas penduradas nos ônibus lotados e daqueles sorrisos que nunca faltavam.

Meu Brasil da liberdade e da democracia, ovacionada, cantada e evocada em pichações pelas ruas do país, naquele agosto longínquo, mas inesquecível em que mandamos embora — eu também estava lá — o presidente jovem e bonitão, que veio para "caçar marajás" e acabou defenestrado por corrupção, Collor de Mello.

Meu Brasil de Ipanema e daquele sol que queima e que depois se transforma em um espetáculo único, se pondo atrás do incrível Morro Dois Irmãos; meu Brasil do acarajé e da feijoada, da carne-seca ou do churrasco, do macarrão e da pizza — a Itália ainda está muito presente por lá, e nunca foi esquecida.

Meu Brasil do Reginaldo, que me ensinou tudo e a quem devo tudo por aquilo que sou.

Meu Brasil das universidades e dos professores, dos estudantes de camiseta e tênis generosos, esforçados, ansiosos e curiosos em relação à vida.

Meu Brasil da "ditadura nunca mais", "nunca mais", porque aqui os militares torturaram pra valer os estudantes, os operários, tantos mais; de Flávio Pierucci e suas aulas sobre Weber e dos relatos sobre a vida: que presente ter conhecido você.

Meu Brasil miscigenado, em quem deposito minha confiança, em mais de trinta anos de análises, estudos, viagens, escritos, aulas e livros.

Meu Brasil, que me ensinou o antirracismo, a convivência e, uma vez mais, a não poupar sorrisos.

Meu Brasil da favela, da pobreza absoluta e assustadora; e do renascer, da tentativa de distribuir, de equilibrar, de dar para os mais necessitados.

Meu Brasil do Rodrigo e da sua Folha Seca, um cantinho de cultura para descobrir no Rio.

Meu Brasil de Garrincha e de Sócrates; existem milhares de outros grandes jogadores de futebol, mas estes, por aquilo que foram, pela forma como interpretaram o espírito romântico, ético e político, nunca poderei esquecer. Principalmente, é isto que vale, é o povo brasileiro que não os esquece.

Meu Brasil do fraternal Darwin, não o cientista, e das muitas ações, dos tantos desgostos esportivos e não esportivos, e também das alegrias que soube nos oferecer.

Meu Brasil, que me traiu, assim como me traiu a minha Itália, entregando-se à barbárie, à anti-história, à antirrazão, à falta de humanidade, em nome da luta contra a corrupção. Sim, é melhor o nazismo, armar as multidões, odiar as mulheres, surfar na nojenta onda racista, até aqui, na terra do "racismo cordial"; melhor imaginar a volta da tortura e dos militares, em nome da ordem, da disciplina, da ajuda do capital e das forças estrangeiras, porque — aqui são tantos a pensar assim — "seja como for, são melhores do que nós".

Meu Brasil, que se sente incapaz (complexo de vira-lata) e que aspira à grandeza e à magnificência.

Meu Brasil, eu sei, você mudou, mas continuarei a te amar, como estou amando a minha terra, martirizada e humilhada pelos políticos e, o que é pior, também por uma parcela significativa do meu povo.

Meu Brasil multicolorido e miscigenado, "gigante pela própria natureza", orgulhoso e democrático: sim, ainda posso sonhar contigo, e desesperadamente, agora que você renasce como uma fênix. Posso sonhar contigo para sempre, se Deus me conceder o privilégio e a força de te esperar.

O BRASIL
BELLO
E *MALEDETTO*

PRÓLOGO

Mil novecentos e noventa — dois mil e vinte e três: 33 anos. Trinta e três anos que atravessam dois séculos, abraçam duas épocas, cruzam mais de duas culturas. Ditaduras e *tycoons*, terreiros de candomblé e traços infinitos (o arquiteto Oscar Niemeyer e suas linhas retas e curvas desnorteantes), vertigens e inquietações, gente inesquecível e encontros cruciais. "Tudo de bom, tudo de ruim no mundo". Dois universos, o Brasil e a Itália, que para mim pareciam muitíssimo distantes e que, pelo contrário, depois de terem sido retratados em tons brilhantes e opostos, parecem hoje confluir até se sobreporem.

É claro que eu deveria ter imaginado que a minha experiência não seria tão empolgante assim, que o Brasil seria capaz "até" de me decepcionar, e muito, assim como fez também a vida... Mas naquela época, em 1990, me parecia diferente.

O Brasil, para mim, é antes de tudo São Paulo. O movimento incansável e incessante, os milhões de passos simultâneos, o trânsito, o ar de fumaça e chuva. As pessoas, o jeito, o seu coração imenso, o candomblé inesperado de São Paulo.

A possibilidade de entrar e sair dessa megalópole: atravessar e explorar dentro e fora, o alternar dos olhares de perto e de longe. A várzea e os arranha-céus, os terreiros remotos e a Avenida Paulista, a minha volta pra casa. Muitos, entre eles o filósofo Walter Benjamin, dizem que se conhece uma cidade caminhando. Até mesmo um país inteiro se conhece caminhando. Felizmente, adoro andar, caminho cabisbaixo envolvido em meus pensamentos, ou de cabeça levantada, observando as coisas; para mim, é indiferente. Mas a atmosfera, as calçadas, o chão, as luzes e as sombras de certos bairros de São Paulo, do Rio ou de Salvador já são familiares para mim. Caminhar permite que eu me conecte com as minhas aspirações; talvez uma metáfora da ambição ou da fuga.

O que escolher entre a magia e a realidade? Estudar o Brasil significa frequentar o que está aqui e o que está em outro lugar, transformar-se em dois, sair de nós mesmos, como diz a jornalista e escritora Eliane Brum.

É verdade que, no Brasil, eu me desnudo. E todas as vezes acabo deixando alguma coisa: antes de mais nada, um pedaço do meu coração. Tenho a impressão de que seja um país que vive intensamente o seu presente, deixando momentaneamente de pensar no futuro, para se encontrar, hoje, encalhado em seu passado incômodo.

Investigo, como posso, como sei; dedico-me a uma espécie de "anatomia de uma perversão", a dos brasileiros que acreditam viver em uma democracia formal, mas que estão sujeitos a forças acima da lei, ditadas por uma história que parece imutável.

A justiça aparece como um fantasma, uma lenda. Dizem que ela existe, mas os pobres nunca a veem.

Acredita-se que o racismo do Brasil seja "estrutural" e que a escravidão nunca tenha terminado, mas tenha simplesmente mudado de cara. E que ainda esteja por aqui, nua e crua. Viva.

Quando me observo de longe, como se eu fosse outra pessoa, como se estivesse assistindo a um filme protagonizado por mim, a perambular, questionar, entrevistar, adquiro uma consciência; quando alguém me mostra alguma coisa sobre o seu Brasil, parece que dissimula alguma coisa. De fato, o silêncio mantém muitas coisas em seu lugar. Quando viajamos, produzimos consciência e, portanto, cultura. Ficamos com os sentidos mais despertos. É por isso que o calçadão de uma cidade do Nordeste, um mercado ou uma feira noturna podem parecer inexplicavelmente mais significativos para mim do que aqueles em meu próprio país. Alguns confundem essa atitude com xenofilia, mas sempre penso numa atenção que se torna mais aguda. As emoções vêm à tona, mesmo sem buscá-las.

Também me familiarizei com aquele ar gelado que marca o anoitecer de São Paulo, aquele ar "argentino" — o frio que chega da Patagônia — e faz as nuvens se deslocarem e tocarem as janelas da Paulista. É o frio de agosto do inverno austral.

Naquele verão italiano de "noites mágicas correndo atrás de um gol", justamente naquele verão, eu chegava ao Brasil — Terceiro Mundo, periferia do Império —, deixando a minha realidade confortável e protegida, autorreferencial, basicamente provinciana, com pinceladas de caráter metropolitano. Seja como for, eu estava chegando do Primeiro Mundo naquela terra que imaginava ser linda, verde, um pouco virgem e um pouco selvagem. É claro que sabia que não havia jacarés nas ruas, como os brasileiros contam ironicamente quando se deliciam com os preconceitos sobre seu suposto atraso, mas de qualquer forma aquele primeiro encontro foi um trauma. Não que eu tenha ficado desapontado, não que meu desejo de "brasilianismo" (a mesma natureza do orientalismo de Said) tenha sido frustrado, muito pelo contrário, mas encontrei, além do que já esperava, tudo o que nunca havia esperado. Foi uma questão de *serendipity*, ou serendipidade — muito mais tarde aprendi que se chamava assim: eu estava à procura das festas católicas populares e encontrei o mundo mágico dos orixás, periférico, mas tão típico da cultura brasileira; estava esperando horizontes infinitos e descobri — demorou realmente pouco — o fascínio que pode exercer a megalópole de cimento; segui os passos de Jorge Amado e da sua simplicidade e encontrei a profundidade, a ironia, a sabedoria e o fatalismo dos intelectuais sul-americanos.

Conheci, amei visceralmente, estudei a miscigenação[1] cultural daquele povo; aprendi palavras e atitudes novas — o jeitinho, antes de qualquer coisa, ou seja, a maneira de encontrar sempre uma solução para tudo, de contornar os obstáculos. O convívio com o Brasil cresceu a ponto de me inspirar para que eu descobrisse ali uma fonte de trabalho, de pesquisa, às vezes de fuga. E, no fundo, de vida.

Com o passar do tempo a mestiçagem me revelou suas anomalias, ambiguidades, ciladas, contradições não resolvidas; mesmo assim, permaneci firmemente ligado, afeiçoado àquelas descobertas do início. Porque o Brasil, que, de tempos em tempos, é permeado por impulsos racistas e ideias ultraconservadoras, sempre será capaz de mostrar sua face mais verdadeira, descontraída, rebelde e inconformista. Seu anseio de futuro, como disse Stefan Zweig. No fundo, a mestiçagem, seja ela considerada instrumento de poder ou de engano, ou estratégia para manter o *status quo*, ou ainda como uma forma de "racismo disfarçado" (como definem hoje muitos estudiosos), sempre foi um eterno aprendizado, uma lição que valeu a pena aprender.

O Brasil é um país em que os brancos já não são maioria, mas esses ainda são os detentores da fatia amplamente maior das vantagens materiais e das oportunidades sociais em quase todos os setores que oferecem as condições para uma vida melhor. Esse quadro talvez venha a acirrar o preconceito e a discriminação racial, sobretudo com o recente crescimento do discurso do ódio racial que prolifera nas redes sociais, que promoveu e é promovido pela ideologia da direita cultivada especialmente pelo bolsonarismo. A luta contra o racismo

---

1. Miscigenação e mestiçagem são sinônimos. Os dois vocábulos serão usados de forma alternada ao longo de todo o livro. (N.T.)

apenas recomeçou e há de exigir muito esforço por parte do Estado, da escola e da população. Impossível não concordar com Thomas Piketty, quando ele afirma que "nenhum país, nenhuma sociedade desenvolveu um modelo perfeito para combater o racismo e a discriminação. Ninguém pode dar lições aos países vizinhos ou ao resto do mundo sobre este assunto". É por isso que hoje posso dizer que esses 33 anos de emoções, estímulos e inquietações não se passaram em vão.

Enquanto escrevo, lembranças vêm à tona de forma tumultuada, outras se apagam, outras ainda emergem nas frestas da memória. Há detalhes que eu achava ter esquecido para sempre ou que pareciam insignificantes. Também existem histórias que precisei ou quis deixar de lado. Aliás, como diz Stephen King, a primeira regra da escrita seria omitir palavras desnecessárias. Gostaria de que este texto fosse percebido como uma fera oscilante, contaminada, indefinível. Tentei, na medida do possível, eliminar palavras e fatos dispensáveis: todo texto é uma questão de corte.

"Os bons *insights* surgem literalmente quase do nada, caindo sobre nossas cabeças de um céu aparentemente limpo: dois pensamentos anteriormente desconexos se juntam, criando algo novo sob o sol. A tarefa de vocês não é sair à caça de certas iluminações, mas saber reconhecê-las quando elas acontecem", diz Stephen King em seu "diário de bordo", o *Sobre a escrita*.

Ficará claro para todos que o meu trabalho é imperfeito e incompleto: toda história — mesmo esta — é feita de emoções, dissimulações, revelações. E de esquecimento.

Tem muito da minha experiência e muitíssimo que precisei deixar de fora. Peço desculpas a todos, começando por Alice, que — espero — um dia leia este livro, mas peço desculpas principalmente às minhas recordações abandonadas.

ATERRISSAGEM

Os responsáveis foram os livros e aqueles que os escreveram. E meu tio Nino.

Eu sonhava com o Brasil porque, mais do que qualquer outro escritor, Jorge Amado, com seus romances — *Dona Flor e seus dois maridos*, *Tenda dos milagres*, *O sumiço da santa* — tinha sido capaz de me conquistar, insuperável em traçar de forma tão expressiva, aberta e alegre um retrato daquele povo baiano sofrido. Aquele povo tão misturado e imperfeito, a ponto de levar-me a amá-lo imediatamente, mesmo antes de conhecê-lo. Não podia imaginar que aquela palavra, "mestiço", e este conceito teriam orientado minha carreira e, no fundo, minha existência.

E ainda tinha meu tio Nino, que emigrou da Sicília para São Paulo na década de 1950, e nunca mais voltou. Eu me perguntava por quê.

Italo Calvino costumava dizer que "todos temos uma ferida secreta que lutamos para curar". Talvez esse fosse o rastro que eu queria seguir, talvez aquela ferida fosse minha, também minha.

Era o verão de 1990, daquela Copa do Mundo italiana inesquecível para quase todos e, para mim, tão dolorosa, porque sabia que três dias depois da final eu partiria para a aventura que tanto desejava, mas que, com certeza, também me dava medo. No fundo, eu imaginava que seria, como acabou sendo, meu rito de iniciação ao estudo da antropologia e também à minha vida. Lembro-me com que estado de espírito assisti à semifinal entre Itália e Argentina, em Nápoles: distraído, preocupado, temeroso, curioso, empolgado. Sim, o *calcio*, ou melhor, o futebol, também teve sua importância nesta história.

Eu estava vibrando por uma viagem que imaginava que seria eletrizante, formativa e decisiva. Foi, de fato, muito mais do que tinha previsto.

SÃO PAULO, JULHO DE 1990
Mudam os cheiros e as cores. A luz. Mas, principalmente, fui eu que mudei assim que desci daquele avião da Varig.

Lá está meu tio Nino, de pele escura porque é siciliano, como o Nacib interpretado por Mastroianni. Minha tia pernambucana de olhos verdes, minhas quatro primas. Esse mundo do meu tio — na época, não quis saber o motivo — não quis acompanhar o resto da família, que, pelo contrário, tinha sido afortunado. Mas agora sei: tem a ver com a escolha das prioridades na vida.

E aí cheguei eu, em meio àquele inverno austral que imaginava ser tórrido, e não foi nada disso. Chuva, chuva e mais chuva. Chuva forte, incessante e sem trégua. E ainda o frio que, segundo os paulistanos, vem da Argentina, que é "amaldiçoada", mas só no caso do frio que vem do Sul e no futebol.

A primeira coisa que se descobre no Brasil: lá também todo mundo fala sobre o tempo. Lá as pessoas também não sabem qual será o tempo, mas tentam prever. À pergunta que me fazem, como um suposto especialista em coisas brasileiras, "como será o tempo naquele mês, naquela estação?", aprendi a responder, fazendo uma pausa e suspirando como se estivesse revelando uma grande verdade: "Não sei". São Paulo me recebeu na mesma data, digamos, 5 de agosto, mas em anos diferentes, com uma temperatura de 5 ou de 32 graus, sem o menor constrangimento. Eu nem sabia que, dali em diante — e para sempre — me tornaria um relativista convicto: a primeira coisa que aprendi em São Paulo é que o frio é uma percepção, um estado de espírito, e não um fato objetivo. Outra curiosidade inicial, imediatamente satisfeita: o tipo de roupa do brasileiro médio quando faz frio: chinelos, short, jaqueta e talvez um cachecol. Como se houvesse a intenção de esclarecer imediatamente que o que comunicamos por meio do corpo tem seus próprios cânones, nada convencionais. Pode-se chegar a essa conclusão falando de vestuário, de futebol — os movimentos dos quadris, que seriam de origem africana — ou de sexo — a valorização da bunda em detrimento dos seios: nesta ótica interpretativa, a parte inferior do corpo deve ser enfatizada, exaltada e exibida.

Voltando às minhas sensações, sabia que sentiria nostalgia; não conhecia bem, ou melhor, realmente não conhecia esse sentimento chamado saudade, uma palavra fascinante, na maioria das vezes usada de forma inadequada na Itália, para — por exemplo — ridicularizar a suposta incapacidade dos jogadores de futebol de se aclimatarem às temperaturas da Lombardia ou do Friuli. Saudade, termo que propõe um novo e eterno desafio, um enorme desafio: traduzir ou não traduzir? Saudade é uma categoria do espírito, um lamento nostálgico por futuros não realizados, como a volta do rei Sebastião a Portugal: todos sabem que ele não voltará, mas todos estão esperando por ele.

Com o tempo, eu aprenderia que essa "presença da ausência" é alimentada por recordações peculiares, como o sentimento de pesar que sempre sinto no Rio, ou melhor, em Ipanema, por uma epopeia que nem sequer vivi. Não me lembro com que grau de consciência, mas estava construindo um novo mapa da memória, derrubando meus esquemas mentais e minhas certezas, aprendendo novos nomes, horizontes, situações e momentos novos desse corpo anfíbio e camaleônico que é o Brasil: o sertão, a favela, o malandro, a megalópole.

Graças a Roberto DaMatta, confirmei o quanto é determinante a dicotomia entre "casa e rua" — não simplesmente dois espaços geográficos, mas entes morais, esferas de ação social, no Brasil mais do que em outros lugares. Também tive a confirmação do que significa "sociedade relacional" — uma sociedade baseada na dialética, na qual é fundamental estudar "o que há entre as coisas" em vez das coisas em si.

Graças a outros autores, aprendi o uso arguto da metáfora antropofágica, uma vez que eles realmente conheceram os canibais aqui, sem ter medo, mas com respeito. Aprendi outra coisa sobre mim mesmo: que eu tinha coragem.

O Brasil assusta. Ir para o Brasil não tem nada a ver com uma demonstração de heroísmo, mas o difícil é se despir e deixar alguma coisa em casa, de esquecer de tudo para viver uma nova experiência de forma plena. Abandonar apegos, inibições, precauções. Ou seja, você precisa mudar um pouco e, para se sentir à vontade, precisa inverter a ordem das prioridades.

No entanto, eu sabia que seria capaz de perdoar minhas fraquezas, porque quando você se encontra em uma condição totalmente nova, fica mais sensível até consigo mesmo. Lembro-me de quanto eu me iludia ou quanto esperava encontrar o que estava procurando, mesmo sem saber exatamente o que era.

Sem falsa modéstia, acho acertado o subtítulo do meu livro, *Brasil meticcio* ("Brasil mestiço"), publicado em 2004. O subtítulo era: "Caetano, Iemanjá e o canibal que nos salvará". Em uma só frase, resumia os homens, as divindades e as ações que me acompanharam desde os primeiros momentos.

Logo entendi por que, durante tantas décadas, o Brasil tivesse parecido quase inerte, embora fosse sempre projetado para o "futuro" — como dizia o escritor Stefan Zweig —, enquanto São Paulo avançava no ritmo ininterrupto de um maratonista, sempre à frente; uma cidade isolada do resto ou talvez desiludida.

Eu já estava às voltas com o mais banal dos estereótipos sobre o Brasil e, portanto, sobre suas cidades: o "contraste" existe, sim, mas em vez de surpreender deveria ser interpretado como motor do movimento intrínseco da metrópole, inevitável e fatal. Embora nos últimos anos o esquerdismo de Lula e Dilma tenha mobilizado a alma liberal-democrática e igualitária da cidade, só parando diante da chegada da nova direita, é igualmente verdade que aqui, em vários momentos, o capitalismo ofereceu de si mesmo algumas de suas mais desanimadoras imagens. Em São Paulo, o progresso tem um nome, aliás, um custo: chama-se pobreza.

Veio, então, o primeiro impacto: meu tio me esperando no aeroporto, o estranho cheiro de "gasolina" local, tão doce, tão estonteante — era do etanol, produzido com a cana-de--açúcar, que hoje, passados mais de trinta anos, não percebo mais, embora a sensação deva ser a mesma —, uma greve arrasadora da companhia telefônica e um tempo sombrio, chuvoso e frio.

Trazia comigo uma valiosa carta de apresentação da orientadora da minha tese, dirigida a uma famosa antropóloga brasileira, Thekla Hartman, que eu deveria encontrar na USP, a prestigiosa Universidade de São Paulo.

A minha missão, o meu objetivo era — ou deveria ter sido — a pesquisa de campo durante, pelo menos, três meses sobre o tema da festa popular católica; eu deveria escolher uma entre as muitíssimas que acontecem fora da cidade, principalmente no litoral, e testar as minhas capacidades. Mas as coisas aconteceram de outra forma, e aquela carta, que ainda guardo em algum lugar, é a prova de que a vida é feita de *sliding doors*. Seria mesquinho admitir que não me serviu para nada, e não quero fazer isso, porque acredito que tudo tenha um sentido e que um passo em uma direção aparentemente errada pode te deixar em uma perspectiva favorável à mudança.

Meu tio morava no bairro do Campo Limpo, na periferia de São Paulo; já naquele primeiro mês, descobri que, na época, era considerado (ou melhor, esta era a percepção que se tinha) o bairro mais perigoso da América do Sul em termos de porcentagem de crimes cometidos. Em vez de ficar assustado ou de sentir algo pior, senti ternura por minha tia e minhas primas, e orgulho pelo meu tio, que me havia omitido tal informação por medo de que eu desistisse e me hospedasse em outro lugar, e finalmente, no que me dizia respeito, uma grande responsabilidade... antropológica. Afinal de contas, disse a mim mesmo, se era para ser um rito de iniciação, que fosse uma experiência real de verdade, em um local privilegiado. Afinal, essa imersão total, imediata, poderia me fazer bem. Na verdade, jamais algo de ruim aconteceu comigo, apesar da folclórica linha de ônibus que chegava com pessoas penduradas do lado de fora; dos passeios nos dias de folga (lembrei-me de Lévi-Strauss e sua "etnologia dominical" pelos arredores de São Paulo); dos botecos suburbanos, entre supostos jogadores de futebol de todas as origens e todos mais velhos, desiludidos com as mulheres e a vida e bebedores profissionais de cachaça, e das histórias que contavam entre si, que envolviam assaltos à faca com bandidos "cavalheiros" que sempre deixavam aos infelizes assaltados pelo menos o troco suficiente para a passagem do trem para voltar para casa. Meu tio me disse: "É porque aqui me conhecem". E isso já foi suficiente para mim.

Na verdade, minha vida acontecia em outro lugar, na USP, a Universidade de São Paulo — a maior e mais importante universidade da América do Sul. No primeiro dia, desnorteado, temeroso, mas cheio de entusiasmo, aventurei-me por aqueles espaços excepcionalmente arejados, claros e modernos. Foi um choque agradável para mim, que estava acostumado com aqueles ambientes apertados, antigos e cheios de passado e de histórias da universidade genovesa, a qual, aliás, continuo a adorar.

Consultei vários textos na biblioteca para rememorar meu português balbuciante, focalizar algumas ideias e me dar conta, na prática, de como seria difícil o trabalho que estava me preparando para fazer. A teoria, as leituras e a famosa "bagagem do antropólogo" com a qual estava equipado eram pouco em comparação com o desafio do trabalho de campo. Houve também alguns mal-entendidos, como naquele dia em que esperei horas e horas no Parque do Ibirapuera por um pesquisador que havia conhecido na USP e que tinha prometido me apresentar a um pai de santo importante. Por um momento, achei que merecia aquele sofrimento. Eu estava absolutamente convencido e decidido a encarar a aventura, mas vacilei, pensando que, no fundo, uma das razões inconscientes pelas quais alguém se dedica a uma profissão como essa, que se alinha com o próprio dom para a viagem, corresponde àquela falsa vocação de tantos músicos. Em certo sentido, a vocação dos que se aventuram a trilhar essas profissões também é encorajada para que eles se tornem interessantes aos olhos dos outros (muitos artistas usam expressões mais grosseiras e diretas). Em suma, se começa para... impressionar as mulheres.

Eu sabia que sentiria saudade de casa, mas não tanto assim. Comecei a descobrir palavras novas e comportamentos inesperados, como a curiosidade intelectual dos sul-americanos, que me impressionou por ser aberta, solidária e não classista. Era como se o alto e o baixo, os contrastes sociais visíveis e estereotipados, as cores da pele de tantos migrantes de ontem e de hoje quisessem ser atenuados, até desaparecerem.

BUSCANDO UMA SAÍDA

Tive de escolher rapidamente o local onde poderia me estabelecer por um tempo.

As informações de que dispunha, alguns contatos feitos localmente, a própria conversa com Thekla, que, aliás, trabalhava com antropologia indígena, me levaram a São Sebastião, um grande município pontilhado de vilarejos de pescadores no litoral do estado de São Paulo. Partindo de São Paulo, chega-se a São Sebastião pela Rodovia dos Tamoios, dedicada à comunidade indígena que habitava essas terras, defendida com unhas e dentes pelo grupo. Hoje é um lugar turístico, que aproveita bem a bela paisagem, as praias e o mar, mas naquele inverno ventoso e chuvoso me pareceu o "isolamento" certo para trabalhar seriamente. Na época, meu senso de dever não teria me permitido conciliar o útil com o agradável. Não, eu estava lá para trabalhar, pesquisar, levar resultados para casa — além disso, às minhas próprias custas — e não havia tempo para distrações. Era no que eu acreditava, é claro, era isso o que eu tinha me proposto. Aprendi que a profissão do antropólogo também é feita de esforços imensos e de encontros desagradáveis, de períodos ociosos aparentemente desperdiçados, de incerteza e de adaptação ao impossível; mas isso não exclui a possibilidade de pensar, de trabalhar, registrar e até de escrever, de elaborar ideias, enfim, até em lugares agradáveis e em situações que para a maioria das pessoas pareceriam lúdicas. Nas praias do Rio, ou no estádio, para dar dois exemplos que conheço.

No entanto, lá também chovia torrencialmente e o clima me parecia hostil. Em poucas palavras, o Brasil não parecia ser aquele paraíso que eu havia imaginado.

O viajante tende a se fixar em detalhes de sua experiência que a população local não vê e que, para ele mesmo, em seu meio de origem, passam despercebidos. Por exemplo, o desperdício de comida: aprendi a discutir com os garçons, distinguindo entre porção individual, para dois, ou para três. Nenhuma delas é especificada. Outro estranhamento insignificante, mas que fica na cabeça: para tomar um café, retira-se um cartão chamado comanda, passa-se pelas catracas e entrega-se a comanda no balcão enquanto é feito o pedido. A comanda é então carregada com o valor do pedido e devolvida. Na saída, é preciso entregá-la no balcão do caixa, que, após o pagamento, a devolve. Então passa-se novamente pelas catracas, que só destravam depois que a comanda é enfiada em uma fresta.

Enquanto isso, o destino, ou seja lá o que for, começou a trabalhar para mim. Tudo me parecia original, improvável, não convencional. Tirei centenas de fotos, como dali em diante faria sempre, e entrevistei o jovem e simpático pároco católico da vila, que me explicou um pouco sobre o trabalho e sobre as grandes festas que os pescadores organizavam para homenagear Nossa Senhora, a padroeira dos trabalhadores do mar. Entre as dezenas de rolos fotográficos que utilizei antes da chegada da tecnologia digital, aquele totalmente consumido em São Sebastião foi o único a não ser revelado, como se os deuses africanos estivessem com ciúme de um assunto que não lhes pertencia. Foram eles, os orixás, as divindades do candomblé, um pouco espíritos da natureza e um pouco santos católicos, que se apossaram não de mim, mas certamente do meu caminho, onde não pensava, não esperava, nem sequer imaginava que existissem. Eu procurava Nossa Senhora e suas festas, mas encontrei Iemanjá, a deusa do mar. E tudo isso graças a um homem branco, que difundia por meio da palavra os rudimentos de um culto negro e, quando muito, *mulato*. Ataualpa de Figueiredo Neto: assim se chamava e se chama. Reencontrei-o 33 anos depois, com sua filha, então criança e, agora, sacerdotisa. Um homem de origem espanhola e portuguesa, perfeitamente integrado à família, à cidade e ao mundo do trabalho. Um perfil que, em minha ingenuidade de então, considerava improvável para um sacerdote de uma religião da qual conhecia pouco, mas que mesmo assim era um culto "negro" e marginalizado. Apesar disso, eu estava em um ambiente católico, numa cidadezinha habitada por pessoas de ascendência europeia. Uma cidadezinha modesta, mas não abandonada, com pouquíssimos afrodescendentes. No entanto, sentia alguma coisa insólita no ar, que mais tarde aprenderia a definir e a acolher sem temor, e que até se tornaria familiar para mim, mas que na época me perturbou um pouco. É um suspiro, um sopro, uma atmosfera — um unguento, como o chama Jorge Amado — que envolve o pensamento, atordoa e diminui o ritmo; uma alucinação benevolente e atraente que em Salvador se torna palpável, vive sua apoteose, mas que também no resto do Brasil envolve as tardes e madrugadas mais escuras. É como uma substância que nos faz perceber perfumes, cheiros fortes e percussões misteriosas; que cheira a sons de tambores, a latidos de cachorros, a vozes que de repente perfuram a escuridão, palavras desconhecidas e musicais, de uma língua desconhecida. É a África que permeia o Novo Continente, com seus sabores picantes, seus odores, suas vestimentas imaculadas ou supercoloridas. Mesmo aqui, onde jamais imaginei que fosse possível.

O candomblé foi, portanto, a chave que me fez descobrir o Brasil, a sua metáfora mais oportuna — ao lado da antropofagia, a verdadeira e a simbólica; para mim, é a sua vocação religiosa e existencial mais autêntica, entre tantas associadas a este país.

No terreiro de Ataualpa, presenciei uma cerimônia importante, observei, entrevistei, com a convicção de que estava vivenciando uma experiência "para poucos", mas que na época não me parecia tão construtiva, pois meu horizonte de pesquisa continuava sendo, por enquanto, outro. A festa católica que, nesse meio tempo, eu tinha "identificado" e monitorado — a homenagem dos pescadores locais à Nossa Senhora dos Navegantes — me parecia inconciliável com aqueles rituais que eram, sim, evocativos, mas fetichistas e primitivos, baseados na invocação de espíritos da natureza que se manifestam em mulheres e homens em transe. Também me enganava em relação a isso: o milagre da conciliação acontece, e muito.

A REVIRAVOLTA
Lembro-me daqueles dias com uma certa ternura. Mesmo passando tanto tempo, é fácil me ver de novo, tão ansioso e perdido, encarnando uma espécie de manual estereotipado do bom (e autodenominado) pesquisador de campo. Eu estava cheio de teorias e metodologias, mas em vez disso os mais exigidos foram os sentidos e a percepção física. Observar, ouvir, cheirar — os terreiros têm muitos cheiros, e de essências muito diferentes — me pareciam experiências novas, angustiantes,

violentas. Uma intuição elementar me invadiu: o Brasil, aquele Brasil, parecia ter sido feito de propósito para unir, e não para dividir, e isso também me parecia novo.

Caderno de anotações, reverência, ousadia e timidez, comprometimento, vontade de ferro, seriedade, descargas de adrenalina como se cada entrevista fosse um jogo de futebol — naquela época, eu jogava futebol, participava de competições e levava isso muito a sério —, a máquina fotográfica com aqueles preciosos rolos de filme, compromissos perdidos e outros organizados por milagre. Uma prática de desempenho que me revelou, pela primeira vez, o que eu era, poderia ser e teria sido. Um bichinho complicado, mas também com poder de escolha. Eu estava decidindo qual caminho tomar: a festa católica ou o candomblé, sem saber que teria perdido para sempre a documentação visual de ambos: eu só iria revelar esses rolos de foto quando voltasse para a Itália.

Enquanto isso, de volta a São Paulo, especificamente a Campo Limpo, retomei minhas visitas diárias às bibliotecas da USP, em busca de livros e artigos científicos que pudessem completar, ou melhor, acrescentar um pouco à minha bagagem de conhecimentos sobre aqueles temas quase desconhecidos na Itália, mesmo nas salas de aula da universidade, como o candomblé brasileiro. Sim, eu tinha quase escolhido: talvez porque aquela linha de pesquisa "exótica" teria me permitido, por um lado, explorar uma nova fronteira, livre para investigar onde houvesse possibilidade, sem necessariamente precisar satisfazer a respeitabilidade dos antropólogos "graúdos"; me considerava original e estava orgulhoso de estar entre os primeiros a levar para a Itália alguns resultados, reflexões, opiniões sobre o assunto. Porém, por outro lado, fiquei um pouco perdido justamente por causa da falta de referências e de interesse por parte dos pesquisadores italianos sobre o tema.

No fundo, embora eu não conseguisse fundamentar bem esse conceito, precisava de um professor, de um Virgílio que me introduzisse naquele mundo encantado; de um intérprete, um mediador cultural, enfim, do meu informante. Alguns estudantes, com quem comecei a trocar algumas palavras em meu português ainda enviesado, cheio de expressões castelhanas, me aconselharam a falar com Reginaldo. Foi assim mesmo que eles disseram: Reginaldo. Antes mesmo de conhecê-lo, eu já me deparava com a informalidade brasileira, aquele jeitinho que, mais tarde, descobri ser uma das chaves para compreender o país, aquela maneira desenvolta de se dirigir até mesmo às pessoas mais importantes como intelectuais, políticos — com a sintomática exceção de Bolsonaro — e médicos, chamando-os pelo nome próprio ou, no máximo, pelo apelido. Reginaldo foi o primeiro intelectual brasileiro que, em outro contexto, eu jamais teria ousado abordar, ou melhor, não teria pensado que fosse possível abordar.

Eu o parei no corredor, o professor José Reginaldo Prandi: um sociólogo, um dos maiores especialistas brasileiros e, portanto, mundiais, do candomblé e de todas as religiões afro-americanas; um dos fundadores do Datafolha, o instituto de pesquisa eleitoral e de opinião pública mais conceituado do Brasil, ligado à *Folha de S.Paulo*, o maior jornal brasileiro. Achei que tivesse encontrado meu Ogotemmêli — o guia de Marcel Griaule. Encontrei um amigo, um inspirador, um companheiro de viagem para uma longuíssima aventura. Contudo, na época, certamente eu não poderia saber disso, e muito menos esperar; naquele primeiro momento, tentei apenas aceitar todas as sugestões que ele me dava, confiando cegamente em sua credibilidade. Certa vez, alguém disse que o que realmente importa não é quem encontramos na vida, mas quando encontramos. Rapidamente aprendi que as palavras de algumas pessoas são como pedras que caem na sua cabeça. Reginaldo é uma dessas pessoas: eu via a cidade, o Brasil inteiro, através de seus olhos.

Foi assim que teve início uma atividade frenética. Frequentar os terreiros à custa de longas viagens e de noites exaustivas acompanhando cerimônias ainda um tanto incompreensíveis; tomar notas freneticamente em uma caligrafia transtornada que só em parte eu conseguiria decifrar; ficar impressionado diante dos fiéis que haviam entrado em transe, vítimas de violentas alterações em seu estado de consciência que, então, eu só podia associar a convulsões; pedir educadamente para tirar fotos. No que diz respeito a fotografar, devo dizer que às vezes, com total convicção, me foi negada a possibilidade de documentar essas sessões como eu gostaria: "Os orixás ficam perturbados". Ou usavam a fórmula convencional: "Eles têm medo dos *flashes*".

Mas, principalmente, comecei a encher meus cadernos de anotações com as respostas dos pais e mães de santo, dos sacerdotes do culto e dos fiéis, os filhos de santo. Respostas a perguntas que eu preparava meticulosamente antes de cada entrevista — tentava entrevistá-los antes ou depois da cerimônia, mas sempre faltava tempo, então era muito melhor tentar marcar outro encontro —, eu queria ser metódico, mas acontecia de mudar o que estava planejado, porque aquelas mulheres e homens, tão cativantes e hieráticos, me pareciam ser sempre capazes de conduzir a conversa para novos horizontes. Na verdade, para onde eles gostariam de conduzir.

O MOMENTO

São Paulo, e o Brasil como um todo, vivia um momento de grande euforia, cujos contornos só pude decifrar depois de muito tempo.

O candomblé, a religião que, agora, eu já tinha me convencido de que estava pronto para estudar a fundo, expressão de um mundo no qual estava ansioso para mergulhar, gozava de grande visibilidade. Devo àquela visita ao pai Ataualpa minha decisão de mergulhar a fundo no candomblé.

Era um momento favorável, eu diria estimulante, para entrar em contato com aquele mundo mágico, com aquele ritual que falava de uma africanidade perdida, redescoberta e reinterpretada.

Quando aterrissei em São Paulo, havia acabado de passar um século da abolição da escravatura. Por muitas razões, aquele contexto me parecia muito "exótico e diferente", entre elas a presença de tantos afrodescendentes: recordo que, até então, além dos estudos, só os passeios pelas ruelas do Centro Histórico de Gênova tinham satisfeito minha curiosidade de conhecer homens e mulheres diferentes e talvez de parar para conversar com eles. O Brasil era muito mais, é claro: para começar, é uma sociedade miscigenada; além disso, é um país totalmente inesperado e único, uma democracia superjovem, na qual tinha acabado de acontecer uma pacificação social que me parecia inatacável. Como eu estava enganado...

Apesar de que, na época, estivesse prosperando em São Paulo a umbanda, um culto "embranquecido", com o uso da língua portuguesa nas cerimônias, a ausência de rituais de sangue e o acolhimento de entidades autóctones e, portanto, não exclusivamente africanas, foi o candomblé que me atraiu irresistivelmente. Mais adiante, vou contar como tal escolha foi decisiva para me fornecer lentes interpretativas peculiares.

Na época, porém, me interessava o culto em si, e não como metáfora; eu queria explorar os rituais, fazer minha pesquisa etnográfica e não arriscar elucubrações ou teorizações complexas. Mais do que qualquer outra coisa, queria me entregar àquele conjunto de emoções, sensações, frêmitos e empatia que podem levar a uma África desconhecida, um pouco exótica, admito, mas absolutamente fabulosa.

Ainda mais para o alexandrino[2] Bruno B.

Aprendi que, para chegar a esse ponto de reconhecimento, o candomblé precisou trilhar um caminho tortuoso e difícil, repleto de perseguições, dissimulações e adaptações.

Mas foi a atmosfera geral de otimismo, o desejo de fazer as coisas, o compromisso social e político dos jovens estudantes da USP que me conquistaram.

A repercussão do evento Escravidão — Congresso Internacional, que aconteceu na USP em 1988, trouxe uma atmosfera

---

2. Proveniente da cidade de Alessandria, na região de Piemonte, norte da Itália. (N.T.)

de verdadeira euforia: as religiões afro-brasileiras não só foram aceitas sem reservas como um patrimônio do qual ninguém mais se envergonhava, como também pareciam prosperar. E — importante — impuseram-se de forma avassaladora em todos os setores da cultura como fatores de influência. Falava-se de música, gastronomia, futebol, arte e literatura como inconfundivelmente marcados por nuances africanas. Tudo parecia uma festa, e as religiões — cujas mitologias e rituais, a começar pelo estado de transe, atraíam novos seguidores e estudiosos de todas as classes sociais — que, naquele início dos anos 1990, navegavam na onda de um entusiasmo pluralista, multicultural e acolhedor.

Naquele contexto, debater com entusiasmo, seja sobre Teologia da Libertação, seja sobre "aspectos psicológicos e sociais do transe", ou sobre diversidade religiosa, orixás, negritude, participação política, ou ainda sobre técnicas corporais, mitologia ou sincretismo, tornou-se quase obrigatório para os jovens intelectuais que estavam adentrando ativamente na vida cultural de cidades icônicas como São Paulo e Rio.

Comecei então a me aventurar pelos vários terreiros da grande São Paulo. Naquela altura, como se tratava de uma pesquisa sobre um assunto quase desconhecido na Itália, precisei me dedicar muito mais à experiência direta do que à bibliografia, que naturalmente existia em abundância, mas apenas para a região de origem do culto, isto é, Salvador e outras áreas do Nordeste, como Recife e São Luís. Pouco ou nada se sabia, mesmo no Brasil, sobre a migração da religião para São Paulo, sua implantação e seu desenvolvimento, e eu tinha acabado de ter um golpe de sorte incrível: a companhia, a orientação e até a amizade de quem estudava justamente essa "diáspora na diáspora".

FALANDO COM OS DEUSES

A primeira impressão que se sente ao cruzar as paredes do terreiro é o forte carisma do seu sacerdote. Em qualquer contexto em que vi reinar essas "senhoras" de vestidos alvos ou esses homens igualmente sedutores, negros ou brancos, sempre os apanhei na serenidade do momento, do gesto, do lugar. Como se uma casinha humilde, meio escondida na favela, com um duvidoso sistema de pequenos canais para escorrer a água, que deveria servir para evocar a memória de Oxum, a deusa das águas doces, ou um suntuoso templo imerso na floresta pudessem, igualmente, recuperar aquela lembrança ideal, com um quê de capciosa, de uma África ancestral. Como se fosse realmente possível — é o que acreditam os fiéis e, no fundo, muitos estudiosos — recriar aquele microcosmo africano, aquela família extensa simbólica e, assim, reatar esse fio que atravessa oceanos e continentes.

É com um misto de prazer e de saudade — uma vez que quase todos já faleceram — que me lembro de mãe Zefinha de Oxum (Josefa Lira Gama), de pai Doda de Ossaim (Joaquim Claudionor Braga), de pai Francelino de Shapanan (Francelino Vasconcelos Ferreira) e de outros que cruzaram meu caminho, meu percurso existencial.

Esses chefes — alguns se autoproclamam como tal — parecem ser descendentes legítimos de reis e rainhas africanos. Bem, além de existir mais de um governante em toda aldeia africana — basta perguntar ao prefeito de cada cidadezinha, detentor do poder político "moderno" que se sobrepõe ao tradicional —, ninguém tem como confirmar essas supostas descendências.

Além disso, muitos desses sacerdotes são brancos, de origem europeia, como o pai Armando de Ogum (Antônio Armando Vallado Neto), meu ponto de referência indispensável para qualquer investigação e todas as dúvidas; meu refúgio e também "elucidador" das minhas ansiedades. O "meu" pai de santo de fato. O que significa essa distinção da cor da pele? Naquela época, na minha ingenuidade e no meu despreparo antropológico e existencial, eu tendia a associar alguém de pele preta a um conceito de autenticidade ou, pelo menos, de continuidade. Os afrodescendentes me pareciam mais coerentes com a escolha "fetichista", mais autorizados a venerar os orixás; em suma, de alguma forma me davam a impressão de serem muito mais interessantes para as minhas pesquisas.

A primeira mãe de santo que entrevistei, mãe Sylvia de Oxalá (Sílvia de Souza Egídio) do candomblé Axé Ilê Obá, me pareceu particularmente poderosa, hierática, realmente majestosa. Uma mulher realmente laboriosa, que transitava entre o passado e o presente, instalada em seu trono, dentro do "prédio coberto mais suntuoso para esse tipo de ritual africano", como informavam, com um tom levemente excessivo, os dizeres da placa na fachada do terreiro. Havia muitas pessoas esperando para falar com ela: clientes para realizar a adivinhação do jogo de búzios, admiradores, filhos adoradores. Ela escolheu a mim como o primeiro interlocutor do dia: descobri, então, como o fato de ser um pesquisador estrangeiro e, portanto, um divulgador em potencial da grandeza dos vários sacerdotes poderia ser um trunfo importante naquele contexto. Além do mais, eu não era visto como rival, um espião em potencial: não teria usado a minha reunião e as entrevistas para revelar sabe-se lá qual segredo para outros sacerdotes.

Os terreiros são pequenos grandes mundos autorreferenciais, que não reconhecem nenhuma autoridade a não ser aquela do seu próprio sacerdote: a competição é feroz; o ciúme e a inimizade entre os vários chefes são frequentes. Prova disso é que eu estava prestes a fazer minha primeira entrevista estruturada a uma pessoa assim importante quando, mais uma vez, o destino, o carma, o meu orixá — o acaso não existe, não faz sentido apelar para ele nesse contexto — me colocaram diante de um fato curioso. Mãe Sylvia conhecia um conterrâneo meu, e muito mais ilustre, Umberto Eco, que visitara aquele candomblé alguns anos antes, e que aliás, fala dos cultos afro-brasileiros em *O pêndulo de Foucault*. Mãe Sylvia me recebeu em uma saleta repleta de objetos, simbologias, estímulos. Estatuetas, variados fetiches e muitos livros de história, esoterismo e viagens, que, na maioria, dava para intuir, nunca haviam sido abertos. Quadros representando os orixás e ainda um telefone antigo que reinava sobre uma mesa semelhante à dos estúdios da RAI, nos programas da apresentadora Raffaella Carrà: abordagens improváveis, associações mentais arriscadas e inesperadas.

Naquele recinto, imaginei como o *kitsch* pode ser considerado a marca registrada do sincretismo, que quase nunca é sereno, pacífico, harmonioso, mas costuma ser feito de contraposições barrocas, criações híbridas que nem sempre atendem ao gosto ocidental.

Resolvi, então, fazer a viagem para o passado; para Salvador, o berço dos cultos afro. Embora considerasse a pesquisa na São Paulo branca, industrial e metropolitana muitíssimo interessante, principalmente por causa das vantagens logísticas advindas da proximidade e da atenção de Reginaldo, sabia que as religiões haviam chegado ao Sudeste após as migrações de muitos nordestinos em vários períodos do século XX. Mas era da Bahia que os homens e deuses africanos chegavam, e era para lá que eu deveria ir.

E assim, com uma reviravolta no leque de percepções, que abrangeram o estado depressivo provocado pelo encontro com um exótico nada fácil — experimentei na pele muitas das páginas de *Tristes trópicos* — até o entusiasmo por uma etnologia satisfatória (pelo menos de acordo com meus cânones e expectativas), consegui dar sentido àquela primeira viagem.

TRÊS DÉCADAS DEPOIS

Aeroporto de Malpensa, Milão: o cansaço de sempre, a fila de sempre para tudo, a incerteza de sempre e a dor de sempre no estômago e no intestino. Estou viajando para o Brasil, para voltar ao "meu lugar", à minha terra. Talvez seja verdade, como dizem muitos, que "não se deveria voltar para onde se foi feliz", mas preciso fazer isso, e não apenas para honrar compromissos. Ou melhor, devo ir por causa de um compromisso íntimo e pessoal, para refletir mais sobre a minha postura diante do estranhamento de um ambiente e da familiaridade das emoções que ele desperta em mim. O Brasil é em casa e na rua, para citar novamente Roberto DaMatta, um antropólogo que aprecio muito; parece que está ali à mão e depois escapa; é uma terra tão próxima que parece inteligível, e tão forte e crua que te assusta. São Paulo, vêneta e africana; Rio, doce e diabólica; Bahia, espiritual e perfumada. São lugares com o poder de enaltecer a poesia do contraste, tanto que se orgulham dele e o celebram como a marca grotesca de uma nação, de um povo, de um horizonte fugidio. Como uma mulher ou uma bola de futebol. Qual seria, então, minha missão? Tentar "sentir" de novo, me ver lá outra vez, atar o fio com o passado, aquele passado feliz e difícil que a regularidade das minhas viagens privou um pouco do romantismo que eu teria gostado de contar. No entanto, sim, redescobri as fortes emoções que senti em 1990. Um pouco esvanecidas, é verdade, mas corroboradas, transfiguradas ano após ano, viagem após viagem, experiência após experiência, em uma sobreposição de imagens às vezes tão confusa quanto meu arquivo fotográfico.

Acho que é normal pensar em como seria viver em um lugar para onde se vai periodicamente. Desde o primeiro ano, tenho convivido com a dúvida de que poderia ter escolhido ficar, que as *sliding doors* conduziram minha vida para outras direções, mas poderiam ter se aberto para outros caminhos, e sabe-se lá o que teria sido de mim.

Meu privilégio consiste em ter conhecido determinadas realidades e depois ter me afastado delas, e depois me aproximado delas novamente, em um retorno cíclico que sempre me desconcerta e me satisfaz. Que me inquieta e me emociona. Como fazem esses "heróis" brasileiros — tantos são meus amigos, milhões são pessoas desconhecidas — para fugir do trânsito feroz e do aguaceiro que, quando cai, não tem piedade de nada nem de ninguém, escorre aos borbotões pelas encostas, deixando as camisetas e os shorts de verão ficarem grudados na pele? Como conseguiram viver sob a ditadura implacável, e depois sob Bolsonaro, e sobreviver aos assaltos dos miseráveis bandidos esfaimados, ao assédio dos viciados em drogas sem teto, às balas perdidas da polícia, à vergonha dos condomínios fechados e aos massacres dos meninos de rua? Como podem se esquecer da fome do povão e da glória de seus maiores campeões, Pelé e Ayrton Senna? Como é possível se refugiar nos botecos bebendo cervejinhas estupidamente geladas enquanto ressoam as notas da bossa nova ou as palavras de Jorge Amado, retratadas nas novelas, e não se sentir perdido entre uma ideia de grandeza, um sopro de delicadeza e uma reflexão sombria sobre a condição humana?

Como é possível não se perder em São Paulo, não tanto entre as sinuosas e longas avenidas, mas entre a ostentação da Avenida Paulista e a degradação da Cracolândia? Como explicar — como já fazia Lévi-Strauss, mas eram outros tempos (além de ser outro autor, claro) — que todos os dias, especialmente em São Paulo, mas não só, a paisagem parece mudar, que o urbanista desse labirinto é um futurista, um antropófago, um ufanista? Como não invocar a Deus, ou aos orixás, porque aqui a justiça é efêmera, assim como os responsáveis por tanta destruição?

À minha espera, neste janeiro de 2023, está um Brasil alquebrado e cansado, animado com a posse do Lula e desolado com a morte de Pelé, aliviado com a despedida covarde de Bolsonaro e deprimido, eternamente deprimido, por causa do impasse social que é sempre adiado, aquele futuro que nunca chega. Aquelas milhões de pessoas que vivem no limite da subsistência. Nelson Rodrigues dizia que só os profetas enxergam o óbvio. Embora eu não seja profeta, tenho a impressão de que aquele futuro nunca vai chegar.

No entanto, fico revoltado com a ideia de que o Brasil tenha se tornado um país que não sonha mais. Porque o que conto nessas páginas e nas centenas que já escrevi é, e sempre será, o "meu" Brasil; não me importa o julgamento de quem sabe ou acha que sabe mais, porque essas são minhas percepções, meus conhecimentos e relacionamentos — dos quais, aliás, sou muito cioso e não trocaria pelos de outra pessoa — e nunca terão a pretensão de serem completamente abrangentes.

A cada viagem que faço, muitas imagens vêm de novo à tona, outras são alteradas e outras ainda brotam, novas, como se o Brasil fosse uma fonte na qual me alimento.

Meu estado civil, minha psicologia, minhas finanças, a paternidade, minha situação profissional; nesse meio tempo, aconteceram muitas mudanças de peso, a ponto de eu ser levado a pensar que a análise de qualquer lugar é sempre o resultado de uma interpretação pessoal, autorreferencial e contingencial. Algumas dessas impressões podem parecer insignificantes, mas dão espaço para uma reflexão maior.

Três pequenos exemplos. Desde o primeiro ano, fiquei impressionado com a total desenvoltura com que as senhoras idosas da classe média alta, mas também das camadas mais pobres da população, jantam tomando Coca-Cola ou refrigerante — Fanta, Guaraná — ou suco de fruta; um hábito que associo, de acordo com os parâmetros que conheço, à infância e à adolescência. No início, esse costume me remetia aos usos grotescos, às provocações fantasiosas e aos caprichos veiculados pelas novelas; hoje, tenho mais facilidade de perceber que estou em terras americanas, onde a presença do *mainstream* estadunidense e de suas marcas líderes é mais premente e invasiva. Mas então penso no guaraná, um produto nacional de massa e muitíssimo difundido, uma espécie de reivindicação de identidade que lembra a ênfase em nossos produtos locais, assim como os sucos, preparados com as maravilhosas frutas disponíveis e cujos nomes evocam assonâncias indígenas: acerola, açaí, caju, goiaba, graviola, maracujá, manga, abacaxi.

Mais de uma vez me perguntaram se Barba era meu nome de batismo ou, talvez, meu apelido, e não, como eu achava que estivesse claro, era o meu sobrenome: afinal, hoje sei que, no Brasil, para os pais de uma criança, poderia ser bastante natural batizá-la com o nome de "barba". É natural em um país que batiza seus filhos com nomes de presidentes americanos — Washington, Kennedy, Roosevelt — ou ainda Joelson, Jobson, Jarson, Anderson, Jadilson, Emerson, Edilson, o que revela, por um lado, uma dívida com o colonialismo bastante difícil de apagar e, por outro, uma inegável fantasia com sabor local.

Como já disse, há ainda a questão do clima — é preciso estar equipado para viver em São Paulo. Também neste caso o Brasil "não é para principiantes" — apenas os ingênuos poderiam considerar esse fator secundário, uma vez que tem consequências sobre a pesquisa de campo. Para investigar, seria melhor ter o máximo de liberdade de locomoção — mas não é fácil se deslocar debaixo de uma tempestade tropical; por outro lado, é verdade, e certamente não quero me aproveitar de um estereótipo determinista, que qualquer trabalho e os próprios deslocamentos não são fáceis quando a temperatura chega a 40 graus. Assim, é preciso se preparar, inclusive mentalmente, e não apenas para proteger o corpo. Não basta simplesmente se proteger muito ou pouco. Certa vez, uma norueguesa me disse que não existe frio ou calor, apenas pessoas que estão bem agasalhadas e outras que não estão. Compreendi que todas as mudanças inesperadas, todas as amplitudes térmicas inconcebíveis são, na verdade, imagináveis e podem ser esperadas: no inverno, alguns dias são muito mais quentes do que outros dias chuvosos no verão; pode haver alvoradas e entardeceres em que a temperatura corresponde à do Hemisfério Norte. Resumindo, até quando falamos de clima, o Brasil nos ensina a ser humildes.

A VOLTA DE LULA
Cheguei ao Brasil quando Lula tinha acabado de tomar posse. Só deu tempo de reencontrar aquele companheirismo tão desejado — e, então, no dia 8 de janeiro de 2023, acontece a tentativa de golpe de Estado, com os bolsominions (como são chamados os seguidores de Bolsonaro, com desdenhosa ironia) endiabrados, destruindo as sedes do poder de Brasília. Edifícios com uma simbologia cristalina e linear, como as linhas desenhadas por Oscar Niemeyer, o velho comunista que queria construir esse sonho de uma cidade realmente futurista, ao lado do urbanista Lucio Costa e do paisagista Roberto Burle Marx, com o apoio do presidente Juscelino Kubitschek. Há alguns anos, também tive a experiência de Brasília: uma cidade isolada e confusa, avenidas largas, sem curvas, uma convivência forçada de pessoas sem raízes, a luminosidade, os espaços e os traçados inconfundíveis, sinuosos e precisos, desenhados pelo "camarada arquiteto".

No Brasil, trabalhei com cultos sincréticos, antropologia urbana, questões raciais e, até mesmo, futebol. Mas como poderia afirmar que a situação sociopolítica deste país tenha ficado alheia não só à minha pesquisa, e, mais ainda, às minhas percepções? Em outras palavras, como poderia pensar que certas estruturas estáticas e algumas mudanças repentinas e tumultuadas não tenham confirmado ou desfigurado o contexto que, periodicamente, vinha analisando ao longo do tempo?

(Minha) primeira impressão é que, assim como a Itália do pós-guerra, a sociedade brasileira ainda não se confrontou com seu passado ditatorial. É claro que estou me referindo ao período não tão distante (1964-1985) em que os militares subjugaram o país, causando uma cruel barbarização da vida civil. Hoje, esses 20 anos são vistos com indulgência por uma parte do eleitorado branco, afluente, de origem europeia, sobretudo italiana. Uma nostalgia que encobre ambiguidades, narrativas falsas — os jornais alinhados com o golpe de 1964 falavam de uma "revolução de 31 de março de 1964" —, tentando passar a ideia de quanto o "perigo vermelho" fosse premente.

Os militares já tinham interferido várias vezes na história política brasileira — é uma observação de Fernando Henrique Cardoso, respeitado sociólogo da USP e presidente da República por dois mandatos, de 1995 a 2003 —, mas o resultado nunca havia sido tão desastroso como dessa vez. A voz do golpe se valeria da desculpa de um incontornável caos administrativo, de desordem política, do suposto perigo comunista, dos ataques verbais do governo Goulart à hierarquia militar. Ainda havia aqueles que costumam falar do golpe como uma ação em defesa das empresas privadas, estatais ou multinacionais. De acordo com essa retórica, a família, a lei, a constituição, ameaçadas pelo "perigo vermelho", precisavam ser salvas. As palavras-chave, como diz a historiadora Mary del Priore, eram "ordem, paz, anticomunismo, cristianismo".

No entanto, antes de mais nada, muitos escondem uma realidade indescritível — os assassinatos, as torturas, os estupros, e nenhum crime reconhecido, nenhuma condenação —, ao passo que só nos últimos anos o jornalismo e um certo exercício de memória coletiva, incentivado por intelectuais e políticos, trouxeram à tona uma verdade esquecida. *Memórias do esquecimento*, o impressionante livro de Flávio Tavares, uma espécie de "cartão-postal de um inferno sul--americano", foi traduzido e publicado na Itália.

Afinal, como diz o próprio Tavares, aqueles anos revelaram "um medo que gera omissão"; houve delatores, espiões e executores materiais capazes das mais indignas covardias, mas também houve quem fingiu não ver, que mostrou indiferença, simplesmente para não se sentir responsável.

Não existem méritos e, consequentemente, não há nada para se vangloriar quando os fatos esbarram em você e acontecem ali, a seu lado. Ainda assim, é imperioso afirmar que as poucas semanas que passei no Brasil no início de 2023 foram tumultuadas e cheias de acontecimentos: a "posse" de Lula, um ritual rico em simbolismo místico e espiritual, com indígenas e pessoas com deficiência que o acompanhavam; a grotesca tentativa de golpe; o luto pela morte do rei Pelé por parte de um povo que nunca deixou de idolatrá-lo.

Nas eleições do fim de 2022, Lula obteve 50,8% dos votos contra 49,2% de Bolsonaro; a esquerda controla apenas 6 dos 27 estados do Brasil, e o Congresso é dominado pela direita e pelo chamado "centrão", uma constelação de partidos com bases locais, bastante instável.

A reconstrução do país, sugerem os analistas, deve começar pelo alicerce, ou seja, por programas sociais eficazes que, numa nação que está entre as maiores produtoras de alimentos do mundo, permitam que todos possam comer. O desafio consiste em criar emprego e renda, estabilidade e credibilidade, em promover o ambiente para investimentos, com o Estado cumprindo suas obrigações, melhorando a infraestrutura e a logística, construindo hospitais, promovendo o saneamento e a habitação social. Até aqui, as receitas, que não são poucas, mas será que são suficientes? Um novo enfoque na Amazônia também é necessário: o cacique caiapó Raoni Metuktire, que acompanhou Lula na subida da rampa do Planalto no dia da posse, é certamente mais do que um sinal, assim como a criação do Ministério dos Povos Indígenas, tendo à frente a ativista indígena Sonia Guajajara, e a nomeação da combativa Marina Silva como ministra do Meio Ambiente. O presidente prometeu mudanças drásticas na área ambiental, mas a Amazônia continua a arder. Lula tem um passado ligado à indústria, à construção civil e à cidade grande. À concepção, amplamente compartilhada no país, de que progresso seja ter um carro, uma TV, a possibilidade de fazer churrascos. Até recentemente, a questão da mudança climática não fazia parte do universo do presidente Lula.

Nota-se, porém, uma clara mudança de postura: ninguém no governo Lula pretende transformar a Amazônia numa plantação interminável de soja e em pastagens para gado, permitindo a exploração da terra por empresas de mineração. Mas era o contrário que pensava a extrema-direita de Bolsonaro, de palavras violentas, obsessiva, nostálgica da ditadura, responsável pela gestão desastrosa da epidemia de covid, com 640 mil mortes, que negou vacinas e hostilizava as máscaras.

Mas é evidente que existem problemas arraigados na Amazônia: a luta entre fazendeiros e povos indígenas pela posse das terras, a difícil recuperação de vastas áreas da floresta, os problemas em relação à colheita da castanha-do-pará e do açaí.

Sempre vou me lembrar daquele domingo, 8 de janeiro, mas não porque teve consequências diretas na minha vida, e, sim, porque mais uma vez me confirmou, naquelas horas agitadas, confusas e angustiadas, como o Brasil é um país dividido, tanto do ponto de vista político quanto geracional. No plano da "consciência da miscigenação", a cultura brasileira é única e admirável. É como se as divisões aqui fossem transversais e a "barreira da cor", em outros lugares tão comprometedora e também no Brasil certamente importante, escapasse a uma lei canônica, compartilhada pelo resto do mundo, e tomasse uma forma sinuosa, ora subterrânea, ora emergente, nunca previsível, jamais ininterrupta e nítida.

   Quando eram pouco mais de duas da tarde no Brasil, e a maioria das pessoas ainda estava à mesa, começava a devastação de Brasília; para mim, a evidência da ruptura geracional. Muitos de meus amigos, como Reginaldo, pertencem à geração que viveu a ditadura, no papel de vítima, de insultado, de aviltado e, até mesmo, de torturado: daquelas horas guardarei os olhares aterrorizados, as expressões "toma cuidado", "volta pra casa".

   Por outro lado, em Brasília aqueles homens e mulheres me pareceram mais dignos de pena do que de aversão política: as *selfies*, as ações de vandalismo, os atos nefastos cometidos dentro dos edifícios "sagrados" do poder revelam um desassossego, uma ansiedade humana. Os telefonemas e as mensagens de quem se preocupou imediatamente comigo, inclusive da Itália, me comoveram, mas também confirmaram como a realidade brasileira pode ser exótica e distante. Na verdade, não estava acontecendo nada de épico: todos os vândalos foram logo presos — e, claro, a ideia das *selfies* foi boa; foram iniciadas as investigações sobre os financiadores, as conivências e os atrasos do governo do Distrito Federal; o discurso de Lula em defesa da democracia foi firme e tranquilizador; o Exército não interveio para apoiar o suposto golpe. Não sou especialista no assunto, mas, pelo que conheço de golpes militares, mesmo os brasileiros, a eficácia dessas tentativas de derrubar instituições está na rapidez com que o chefe de Estado é neutralizado — ou morto — e com a qual a mídia é cooptada ou capturada. Desde o início, as telas de TV exibiam a legenda "terroristas assaltam o Palácio do Planalto". Além do mais, Lula sequer estava em Brasília. Parecia mais uma novela do que um episódio dramático, uma representação grotesca da realidade brasileira, em que se misturam tragédia e farsa, desgraça e ridículo, favorecendo o traço mais típico do caráter nacional, se é que ele realmente existe.

   Tendo em vista que, naquele dia, que poderia parecer fatídico e acabou se tornando um dia comum, em que eu me encontrava na cidade mais importante do Brasil, não quis me esquivar de um pequeno risco: caminhar ao longo da Avenida Paulista, o lugar onde "as coisas acontecem" no Brasil e talvez em toda a América Latina. Esse passeio, enquanto uma parte do Brasil era tomada pela angústia e tinha se imposto uma espécie de "toque de recolher", me provocou duas reflexões despropositadas: que não tenho mais idade para ser herói e que, como escreveu Ryszard Kapuściński, "o cínico não é adequado para esse ofício" e, portanto, os jornalistas e os investigadores sociais devem ter uma certa vocação ética, uma obrigação moral que os impele a estar lá e a não fugir, se estiverem perto de onde as coisas acontecem. Acho que alguns pedestres podem ter percebido meu grande sorriso enquanto eu passava por aquela artéria, sonolenta, vagamente festiva, superior a tudo, alheia ao que estava acontecendo (ou deveria ter acontecido) em outro lugar.

Já no Brasil de 1992, nessa mesma avenida, me vi em meio a um evento crucial na história política e social do país. Naquele tumultuado mês de agosto, um grande movimento popular, jovem, colorido e muito mais festivo inspirou o parlamento a pedir o *impeachment* do presidente Collor de Mello, um quarentão de ar empinado, neoliberal, populista, alinhado com a direita. Apoiado pela Rede Globo, gigante da mídia no auge até hoje, Collor tinha inaugurado uma temporada de grandes esperanças — foi o segundo presidente eleito após a ditadura, o primeiro com o método da eleição direta —, mas após dois anos no cargo foi acusado de corrupção, sonegação de impostos e envio de divisas para o exterior. Foram dias agitados, dos quais me lembro bem, porque entre a Paulista e o centralíssimo Vale do Anhangabaú — como é encantador pronunciar os topônimos de origem guarani que pontilham São Paulo — parecia que se fazia uma nova história: era a primeira vez que um presidente sul-americano era deposto sem violência.

Esse sopro popular, esse entusiasmo juvenil pela política, que me fez lembrar de outra época da minha vida (1968), uma epopeia da qual, devido à minha idade, fui espectador e não protagonista, também contribuiu para essa percepção ou talvez para essa ilusão eterna que ainda hoje carrego dentro de mim.

A juventude brasileira parecia estar alinhada de forma maciça e entusiasmada contra os abusos da elite; a jovem democracia parecia estar se mantendo firme, opondo-se às nefastas tentações excessivamente capitalistas dos Estados Unidos, que, como sabemos, consideram a América do Sul seu "quintal". A epopeia de 1968 veio novamente à tona — convocando os líderes da época, redescobrindo ou publicando textos sobre aqueles acontecimentos do passado, até mesmo repropondo programas da época. No Brasil, 1968 teve outros matizes, enfrentou outras dificuldades, outras tragédias, já que na época vivia-se o momento mais duro da ditadura. Aliás, vale lembrar que 13 de dezembro de 1968 é uma data de luto no calendário de todo brasileiro com consciência civil: com o Ato Institucional nº 5 — que dava ao presidente o poder de intervir "acima" da jurisdição de estados e municípios, de suspender direitos civis e até mesmo o *habeas corpus* de presos — tinha início a fase mais terrível da ditadura, aquela em que a tortura era uma prática não só aceita, mas também indicada e solicitada.

Clima negro. Temperatura sufocante. O ar está irrespirável. Com macabra ironia metafórica, esta era a manchete do *Jornal do Brasil* do dia seguinte.

EU FALANDO DE POLÍTICA?

Essa experiência política, embora inesperada e não planejada, foi contemporânea e paralela à minha experiência como pesquisador de campo: eu estava me aprofundando naqueles temas — a simbologia do candomblé, o papel do estado de transe, o sincretismo religioso e a miscigenação cultural — que me envolviam e me empolgavam. Para mim, era difícil separar os dois momentos: o Brasil era o país com o qual eu sonhava e queria que se parecesse com aquele em que eu tinha que viver.

Naquela época, também fiz outra descoberta importante, decisiva para minha interpretação do Brasil e também para minha vida profissional. O escritor José Lins do Rego disse que o conhecimento do Brasil passa pelo futebol: nunca antes a força expressiva de um aforismo foi tão evidente. Naquele verão — se retrocedo um pouco, reconheço minha natureza multifacetada e eclética, que espero não seja confundida com amadorismo —, fui entrevistar um jogador do São Paulo, Raí, no campo de treinamento. Para agilizar, disse que era colaborador do glorioso *Guerin Sportivo* e, de fato, o artigo foi publicado na semana seguinte. Mostrei a minha carteira de jornalista, que funciona como um passaporte em muitas situações, e as portas se abriram imediatamente. Naquele Brasil, eu flutuava em uma espécie de onipotência: tudo parecia, se não fácil, pelo menos possível, até mesmo entrevistar um dos maiores jogadores de futebol brasileiros sem hora marcada e sem ter credencial. Coincidentemente, poucos meses depois Raí conquistou a Copa Intercontinental, vencendo o Barcelona com dois gols, e, em 1994, começou a Copa do Mundo nos Estados Unidos como capitão e camisa 10 da Seleção — a Copa em que o Brasil viria a conquistar o título à custa da Itália de Sacchi e Baggio. No entanto, apesar da minha estima por esse jogador de futebol, foi outra motivação que me levou a manter minha discrição. Conversando com Raí, queria me aproximar e, pelo menos idealmente, tocar em uma das figuras mais carismáticas e importantes da história brasileira, e não apenas em termos esportivos: a figura de seu irmão, Sócrates.

PARÊNTESES... SOCRÁTICOS

Neste parágrafo, admito, vou me alongar um pouco. Se você não for fã de futebol ou da democracia, pode pular. Mas, para mim, é uma espécie de fixação: Sócrates, esse jogador de futebol, que conforme estava escrito em um muro na cidade de São Paulo, era *inegociável, invendável, imprestável* (sic), talvez tenha sido, ao lado de Cassius Clay/Muhammad Ali, o esportista mais significativo do século XX. No início da década de 1980, foi a voz forte de um povo que queria lutar, ser protagonista; educado — era formado em medicina, leu Gramsci —, sempre engajado, audacioso em campo e principalmente fora dele.

Mais ainda, era o antiatleta, muito alto e magro, quase sem estrutura muscular, "o calcanhar que a bola pediu a Deus", um protagonista da "melhor Copa do Mundo da nossa vida" — *ça va san dire*, 1982 —, um intelectual realmente sul--americano, daqueles que não têm medo de contaminar o alto com o baixo, de sujar as mãos com os pobres, para se deixar levar pelas paixões populares. Um Reginaldo de calção, enfim, um Galeano com gosto pelo gol.

Era amado pelo povo brasileiro como um "Garrincha dos tempos modernos", e o povo perdoava seus defeitos "técnicos" (lentidão, indolência, falta de força), porque o doutor Sócrates Brasileiro Sampaio de Souza Vieira de Oliveira o representava muitíssimo bem. Ele também era um Dionísio, um homem de verdade, um autêntico brasileiro, como pude notar quando conheci tantos torcedores afrodescendentes do seu time, o Corinthians, que ele levou à fama internacional não apenas em virtude dos êxitos esportivos.

Seu papel na democratização do país, ou melhor, na sensibilização de milhões de pessoas, nunca foi negado por nenhum historiador.

Propor, no auge da ditadura, em 1981, uma espécie de autogestão de um time de futebol foi visionário, corajoso e subversivo para o ambiente conservador e reacionário da época. O experimento foi chamado de Democracia Corinthiana, em função do nome do time, o Corinthians, um dos mais populares de São Paulo e de todo o Brasil.

Ele estava 10, 20 anos à frente, ou talvez à frente demais até mesmo para os nossos tempos. Quem hoje ousaria dizer que "o futebol é gramsciano, marxista: dá-se ao luxo de deixar o pior ganhar", quando os dirigentes "responsáveis" respondem — o fizeram também na Copa do Mundo no Catar, diante do surgimento de gestos simbólicos de dissidência, ainda que tímidos — que "os jogadores de futebol devem pensar em ser jogadores de futebol?".

Durante a década de 1970, a fama do jogador de futebol Sócrates se espalhou por todo o estado de São Paulo e alcançou o auge em 1977, graças ao primeiro título importante da história do pequeno Botafogo de Ribeirão Preto. Naqueles anos, entre o curso de medicina e o futebol, Sócrates não deu atenção especial à política e, de fato, nas vezes em que lhe perguntaram alguma coisa, mostrou-se vagamente favorável aos métodos repressivos da ditadura, com os quais tinha crescido. No entanto, como pessoa educada e curiosa, destacou-se com algumas iniciativas já no Botafogo: sempre levava um jornal para o vestiário para que os outros jogadores também lessem e, depois de levar o time ao sucesso, sugeriu aos companheiros que dividissem os prêmios da vitória com todos os funcionários, do massagista à responsável pela lavagem dos uniformes, porque, dizia, "as vitórias também eram méritos deles".

Em 1981, o presidente do Corinthians, Vicente Matheus, não podendo se candidatar a um terceiro mandato, foi obrigado a deixar o cargo. Foi nesse intervalo, com um presidente "fantoche" e um sociólogo como diretor esportivo, Adilson Monteiro Alves, que confessou "estou aqui para ouvir, não entendo nada de futebol, só de biscoitos", que teve início aquele projeto revolucionário. "O que queremos mudar, por onde podemos começar?", perguntam-se Sócrates e os companheiros Wladimir, Zenon, Biro-Biro, Juninho, Alfinete e Casagrande. O primeiro tema será a concentração, com os preparativos a serem revisados, depois os cronogramas de treinamento, o salário, os prêmios dos jogos e, até mesmo, a campanha de compras.

Poderia parecer um jogo, mas pelo contrário: era uma faísca, ou melhor, uma deflagração. A experiência prova que é possível rebelar-se contra o poder por meio do voto. Um golpe de gênio que terá uma repercussão longa, uma aplicação mais ampla, um significado muito mais amplo. "Somos nós que entramos em campo, somos nós que perdemos ou ganhamos, somos nós que geramos dinheiro para o clube e, portanto, temos que nos manifestar, temos que votar". Tornar-se um sujeito "atuante" torna-se imperativo em campo, no vestiário e na sociedade global. Aí está a pequena república democrática incrustada no país subjugado pela ditadura, um enclave utópico e transgressor, como fora o tropicalismo de Caetano e Gil em meados da década de 1960, quando os generais, que agora estão cansados, haviam acabado de assumir o poder.

Para muitos, inclusive para Sócrates, essa foi a experiência mais democrática da história brasileira. Para Lula, a Democracia Corinthiana "ajudou a levar a mensagem de mudança e democracia daqueles anos para um grande número de pessoas e revelou a importância daquela batalha".

O campeão soube estimular a consciência coletiva dos colegas, dos torcedores e de grande parte do povo brasileiro, insuflando uma nova consciência política. Criou-se uma coesão interna, uma espécie de "delírio de onipotência" bem canalizado, que permitiu que aquela ideia saísse do vestiário do Parque São Jorge, onde o time treinava (localizado no trajeto que percorri mil vezes do aeroporto de Guarulhos até a cidade de São Paulo), para tomar praças, ruas e os palcos dos comícios.

Esse time foi campeão paulista em 1982 e 1983. Sócrates foi o capitão da esplêndida Seleção que encantou todos na Copa do Mundo da Espanha, sucumbindo apenas ao destino e aos três gols de Paolo Rossi. Mas, na verdade, como o doutor sempre repetia: "ser campeão é um detalhe". Ele amava a boêmia paulistana, as boas leituras, os amigos, a música, as palavras fortes e bonitas. E disse muitas, muitíssimas palavras, sempre com aquela cerveja na mão, aquela cervejinha que o levaria à morte.

Enquanto isso, em junho de 1982, o time já era tão forte e popular que os jogadores entraram em campo com uma faixa onde se lia "Vote dia 15" para apoiar a participação do povo nas primeiras eleições legislativas da ditadura. Na final do campeonato do ano seguinte, entraram em campo com uma enorme faixa que dizia: "Ganhar ou perder, mas sempre com democracia".

Nesse meio tempo, em maio de 1983, surgiu um movimento político suprapartidário para o retorno da eleição direta do presidente da República. O movimento, chamado Diretas Já, reuniu milhões de brasileiros durante a campanha para a sucessão do governo do general João Baptista Figueiredo, mas na realidade se tornou o símbolo de um Brasil que queria se libertar da ditadura. Muitos artistas, cantores, celebridades foram a caixa de ressonância, mas, ao lado do sindicalista Lula, estava ele, o campeão aclamado. Ainda havia o eco daqueles comícios lotados, com centenas de milhares de pessoas quando, em 1992, me vi em meio às manifestações contra Collor. Havia alguns elementos em comum — a adesão, o entusiasmo das pessoas, o número de participantes — que podem ser comparados com a campanha das Diretas Já.

A emenda solicitada à Constituição não foi aprovada, as eleições diretas foram de fato adiadas, e Sócrates, desiludido e desanimado, foi para Florença. Essa é outra história. Mas ninguém se esqueceu dele. E ninguém, nem mesmo eu, jamais escapará da lembrança da sua memória viva ao entrar no estádio do Pacaembu. Ali foi celebrado um daqueles rituais coletivos habituais que os brasileiros, talvez por seu misticismo, amam mais do que outros povos. Sócrates morreu em 4 de dezembro de 2011. Naquele dia, todos os jogadores se alinharam no centro do gramado, e os espectadores, nas arquibancadas (e sabe-se lá quantos em casa ou no bar), quiseram lembrá-lo de pé, com o braço erguido e o punho fechado. Nada de muito especial, a não ser que, em uma entrevista em 1983, o campeão havia falado que seu sonho era "morrer em um domingo, no dia em que o Corinthians tivesse ganhado o campeonato". "Jogo, partida, encontro", diriam alguns, e para muitos foi a despedida mais emocionante e incrível que um ídolo do esporte jamais tinha recebido. Ah, e o seu Corinthians ganhou o campeonato naquele dia. Arrepios. E lágrimas. E uma cervejinha em sua homenagem, doutor Sócrates.

FIL ROUGE

Descubro, assim, uma espécie de fio imaginário entre todos esses eventos políticos e sociais: 1964, 1984, 1992, 2023. Mas... O que o futebol tem a ver com isso?

Segundo o grande jornalista e dramaturgo Nelson Rodrigues — que, nesse caso, referia-se ao futebol —, em 1958, às vésperas da Copa do Mundo na Suécia, os brasileiros iriam sofrer com o "complexo de vira-lata", o cão perdido obrigado a esparramar as grandes latas, as caçambas, que serviam para recolher o lixo. Nós, italianos, temos a expressão "cachorro espancado", mas a partir de então os brasileiros assumiram essa imagem evocativa e imaginativa como uma espécie de justificativa para outro traço — suposto — do caráter nacional.

Walt Disney, quando estava no Brasil para criar o personagem do Zé Carioca, hospedado no Copacabana Palace, ficou maravilhado com o fato de que, ao contrário dos outros povos latinos, para os quais o símbolo nacional era uma ave nobre — uma águia, um condor, um falcão —, os brasileiros tivessem escolhido o modesto papagaio, um animal que, afinal, é preguiçoso e menos digno do que os outros. Uma projeção, pensou ele, de como os brasileiros se percebiam: não tanto orgulhosos e altivos quanto felizes, astutos, indolentes e melancólicos.

Essa forma de se sentir, ou melhor, de se sentir inadequado às circunstâncias, segundo muitos intérpretes da realidade brasileira, ressurge periodicamente, e não apenas em eventos futebolísticos. É como se a proverbial presunção cantada no Hino Nacional e na expressão de grandeza e beleza, que ressoa com tons e significados às vezes equivocados — as frutas, o tamanho dos pratos, o corpo, o trânsito —, uma espécie de "gigantismo" palpável que inquieta o viajante, fosse amenizada ou substituída por uma humildade tão excessiva a ponto de levar ao descompasso em relação às situações que se apresentam. Esse sentimento de eternos perdedores, essa resignação, fere o orgulho nacional ao minar a segurança de um país que, desde que o visito, mas mesmo antes, se sente sempre dividido entre a ilusão de uma modernidade acelerada — nunca pagar um café em dinheiro, os cartões e aplicativos quase obrigatórios para viajar de metrô, a rede *Wi-fi* garantida em todos os lugares — e as evidências de uma realidade brutal, anti-histórica e desequilibrada, que aparece em cada esquina.

A atmosfera desses primeiros dias de 2023 é de expectativa, um estado febril de calma que parece pronto para explodir.

Lula, em seus dois mandatos anteriores (1º de janeiro de 2003 a 1º de janeiro de 2011), embarcou em um novo caminho, tornando possível outro mundo, com milhões de abandonados se tornando "classe média", com acesso à educação e renda.

Programas sociais no topo de sua agenda política, a meta de eliminar a fome (o famoso programa Fome Zero), a doação de uma quantia mínima de dinheiro para os pobres e outras medidas de redistribuição: esses eram os pilares da política do líder do PT. Um Brasil cujas popularidade, aprovação e credibilidade estavam em ascensão internacional.

Com Bolsonaro como presidente, a percepção internacional do Brasil mudou consideravelmente. Os Estados Unidos — a propósito, Caetano escreveu que "os Estados Unidos são um país sem nome, o Brasil um nome sem país" —, o liberalismo desenfreado e o capitalismo se tornaram os "campeões positivos" dessa experiência, a miragem de um sonho a ser realizado, reiterando a ideia perpétua e nunca completamente adormecida de que o Estado brasileiro seja "inevitavelmente" corrupto, incapaz de ser governado. Certamente, os casos comprovados de corrupção na *entourage* de Lula — e não dele próprio — provocaram visões distorcidas, criminalizando seu governo, independentemente de qualquer outra consideração.

Então, é melhor confiar na elite do dinheiro, mesmo se for estrangeira. Melhor aliar-se àquela classe média conservadora, que desprezamos em tantas outras circunstâncias, do que se aliar a Lula.

Pulei — até contra minha vontade, em meio aos lutos e às epidemias — a "estada" de Bolsonaro, ou seja, não toquei o solo brasileiro durante seu mandato. Li a respeito, acompanhei, sofri as consequências por meio de imagens, leituras e relatos dos meus amigos. Acima de tudo, agora que estou de volta ao Brasil, compreendi suas falhas. O Brasil é mais homofóbico, racista e sexista do que era durante minhas viagens anteriores. Em determinado período — principalmente em 1990 e 1992 —, não percebi que tanta gente fosse a favor da liberação das armas, que tanta gente cultivasse a nostalgia da ditadura, até mesmo declarando-se a favor da tortura. E que tanta gente considerasse os povos indígenas uma anomalia, e que no fundo a Amazônia fosse mais um incômodo para o crescimento econômico do que uma bênção de Deus. Visões inspiradas pelas declarações explícitas — gravadas e disponíveis na internet — de Bolsonaro. Gostaria de lembrar uma, que simboliza todas, de 1998: "Realmente a cavalaria brasileira foi muito incompetente. Competente, sim, foi a cavalaria norte-americana, que dizimou seus índios no passado e hoje em dia não tem esse problema no país".

Pensando no Brasil atual, de cores sombrias, naqueles náufragos que perambulam pelas ruas de São Paulo e à perda do sorriso, não posso deixar de me remeter a Bolsonaro, inimigo declarado da arte e da cultura, o ex-militar medíocre que o *Washington Post* chamou de "o pior líder do mundo na gestão da emergência da covid-19". E cito outra frase memorável pronunciada por ele: "Não sou coveiro. O que posso fazer se tanta gente morre?". Durante a pandemia, Bolsonaro declarou abertamente que não tinha nenhum interesse em lidar com a covid, chamando-a de uma simples gripe.

Mais uma reflexão, que diz respeito ao tema complexo do racismo, que permeia todas as referências, todos os traços religiosos e culturais brasileiros. Embora nunca tivesse percebido ou conseguido notar o que estava diante dos meus olhos, sempre tive conhecimento do ódio da classe média de origem italiana, que se vangloria da superioridade moral e cultural do homem branco sobre o pobre. No entanto, nunca me dei tanto conta disso quanto nesta última viagem. Sempre me envergonho dessa conduta, principalmente quando se trata do meu país e do Brasil.

Sinto que devo repetir um conceito: este texto não pretende descrever a realidade, mas, sim, as percepções de seu autor sobre as mudanças que ocorreram em mais de 33 anos. Também não almejo mostrar a realidade política do Brasil. Entretanto, sinto que devo tentar indicar como certas mudanças "percebidas" podem ter alterado o quadro sociopolítico que observei, acompanhei, vivenciei e sofri.

Hoje, o Brasil me parece ser um país dilacerado, bastante assustado, violento, de certo modo em declínio, mas que mantém uma vantagem. Não há hipocrisia, nenhum aceno ao politicamente correto, nem mesmo o menor medo de se revelar. Se a tendência à polarização — não apenas política — e à polêmica continua é porque, hoje, essa é a marca registrada do mundo ocidental. Mas a cultura brasileira consegue expressar os posicionamentos de forma clara e, às vezes, cruel, o que contrasta de maneira clara e profunda com a narrativa do "racismo cordial" — uma construção que por mais de um século tem sido prejudicial e piegas, cuja receita, como veremos, já expirou.

Tentar decifrar os eternos problemas do país é um tanto complicado: Reginaldo sugere que eu preste atenção ao desequilíbrio de um Brasil que está progredindo em termos tecnológicos, mas que ainda deixa a desejar em outros campos. Segundo ele, ainda há pouca consciência do senso de cidadania, pouca tolerância e uma aceitação passiva das desigualdades sociais. Além disso, o sistema educacional atrasado e a falta de informação possibilitaram até mesmo justificar a ditadura — fato que um homem da sua geração não consegue entender: "Muitas pessoas não sabem realmente o que falam. Não podem imaginar os danos causados pela intervenção militar de 1964".

De acordo com essa interpretação, a escassa formação ideológica também tem um papel importante, o que leva à desorientação de um segmento considerável da população. Até mesmo o Partido dos Trabalhadores, de Lula, que deveria ter uma maior consistência ideológica, sofreu a perda de muitos eleitores que, na penúltima eleição (e também na última, quando voltou com uma vitória apertada), revelaram-se bastante erráticos. Esse é um *topos* das sociedades sul-americanas, um legado da expectativa mítica da figura messiânica: quando um líder se perde, por qualquer motivo, a questão do "culto à personalidade" ressurge com toda a sua dramaticidade. Só se o líder que caiu em desgraça se redimir ou puder ser substituído por outra figura igualmente carismática, o vácuo de liderança será preenchido, e tudo se encaixará, pelo menos por um algum tempo.

A tarefa de Lula é árdua: o Congresso obstrui os objetivos de reverter a política de desmatamento e privatização da Amazônia. Também coloca obstáculos às suas metas de acabar com os desequilíbrios sociais e o empobrecimento de uma parte crescente da população — uma realidade que pude perceber claramente.

AINDA A SAUDADE

Talvez seja correto falar sobre o sentimento que nunca deixa de atormentar os brasileiros.

Um exemplo. Em 2019, o cineasta Sérgio Tréfaut fez um documentário autobiográfico intitulado *Paraíso (ex Triste Brasil)*, no qual um cineasta retorna à terra natal após viver 40 anos no exterior, reencontrando um grupo de idosos que mantém viva a memória e os sentimentos de um país que não existe mais. Pessoas maravilhosas de 70 anos ou mais, que voltam a se encontrar como outrora no jardim do Palácio do Catete, no Rio, que durante anos foi a residência oficial do presidente da República. Esses idosos, renovando a memória do samba, recuperam o otimismo e os sorrisos daquela época perdida, ressaltando, na verdade, a tristeza dos novos tempos.

O Brasil sempre alternou períodos de glória e de adversidades. Os historiadores sublinham que, desde 1950, o país e especialmente a mentalidade do povo mudaram mais do que nos quatro séculos anteriores. O futuro, somente o futuro, nos dirá se o colosso está prestes a ver a luz no fim do túnel.

Neste livro, não há tempo nem como me aprofundar nas questões históricas que prendem o Brasil a um passado que parece indelével. Tampouco tenho os conhecimentos especializados para tal.

Notei isso várias vezes e, até hoje, essa observação não me impressionava muito. Nem aqui faltaram "os indiferentes", aqueles que viveram aquele período com apatia, encantados com o que os militares chamavam de "milagre econômico", vítimas do *slogan* "Pra frente, Brasil", que acompanhou a aventura da Seleção na Copa do México, em 1970, atordoados pela propaganda que enfatizava "o lado bom da ditadura".

Os fabulosos anos 1960 também foram uma época de crescimento econômico e otimismo, e a sociedade "tropical" combinava as conquistas materiais com a tradição e a imagem — estereotipada, mas percebida por todos, nativos e visitantes — de simpatia, cordialidade, criatividade e tolerância. Como a história da difusão do candomblé me ensinou, naqueles anos o país estava se transformando rapidamente de agrícola em urbano; a fundação de Brasília, que mudou a relação entre o interior e o litoral, e a tumultuada migração em massa de mão de obra do Nordeste do Brasil contribuíram para o surgimento de novas paisagens urbanas, novas sensibilidades, novos imaginários, "concretos" e poéticos. Caetano Veloso também falará sobre essa questão, como veremos.

Aqueles foram anos preparados pela época mais frutífera, em termos culturais, que o Brasil conheceu. Entre 1956 e 1960, os chamados "anos dourados", muitas coisas aconteceram: os "50 anos em 5" prometidos por Juscelino Kubitschek, também chamado de "presidente Bossa Nova", a primeira vitória em uma Copa do Mundo para redimir o *Maracanaço* de 1950, a publicação de *Gabriela cravo e canela*, o romance de Jorge Amado que "constrói" um ideal de beleza selvagem e puro, natural e ao mesmo tempo malicioso, encarnado por uma típica (desde então) mestiça brasileira. Resumindo, há elementos suficientes para fazer com que milhares de brasileiros das gerações mais antigas caiam em uma suave amargura, na zona de conforto da nostalgia. Foi uma época marcada por uma vaga aura de anticomunismo, criada pelas mitologias liberais norte-americanas, pelo catolicismo dominante e pelo nacionalismo mal compreendido.

No Brasil, a Igreja Católica não foi um bloco homogêneo a serviço da ditadura, mas um verdadeiro campo de batalha onde instâncias opostas se enfrentavam. Entre os opositores do regime, os ecos de Hélder Câmara e Leonardo Boff, e da sua radical e combativa Teologia da Libertação, ainda não se apagaram. O cenário era irregular, pontilhado de manifestações para defender a família, protestos de opositores — a passeata de 26 de junho de 1968 no Rio recebeu o nome de Passeata dos Cem Mil —, crescimento industrial, aumento da população e ingresso de milhares de jovens na universidade (a população universitária aumentou oito vezes entre 1948 e 1968). Havia também uma opinião ambígua e sem unanimidade sobre os opositores, percebidos ora como heróis, ora como terroristas. Para mim, é este o ponto que repercute na situação atual: o brasileiro está a caminho de superar seus problemas de racismo por meio da aceitação da mestiçagem, graças a um modelo antropológico do encontro, mas está longe de ter resolvido o problema da polarização no campo sociopolítico. Foram feitas tentativas teóricas de conciliar os opostos: a definição de esquerda festiva, em voga na época do Tropicalismo, é justamente um oxímoro semelhante ao "racismo cordial" de Sérgio Buarque de Holanda. Mas, de fato, aquele radicalismo das oposições permanece ainda hoje, nas fileiras que reúnem, em grupos separados, os seguidores de Lula e Bolsonaro.

Ao longo desses anos, pude observar que, como ensina Lévi--Strauss, aproximar e distanciar o olhar ajudam a entender certas dinâmicas e, até mesmo, o enraizamento de certas opiniões. Por exemplo, todos fora do Brasil concordam que a vitória da Seleção na Copa do Mundo na Cidade do México tenha sido um sucesso estrondoso de um time fantástico liderado por campeões, como Pelé, Tostão e Rivelino. Mesmo no Brasil, é claro, a lembrança desse triunfo é percebida com orgulho. Porém, para muitos, essa empreitada se insere perfeitamente na narrativa daqueles anos sombrios, em meio a *slogans*, a um chamado ideal às armas, à euforia transamazônica — naqueles anos estava começando o projeto futurista de uma obra gigante —, e a uma equipe formada principalmente por militares, uma gestão e uma preparação comparáveis às de um quartel.

Para falar sobre o Brasil, não posso deixar de mencionar algumas biografias de personagens que fizeram parte do meu romance de formação sobre o país. Então, vamos a mais uma, a de João Saldanha, que pertence à história do jornalismo, do esporte, da política e da cultura brasileiras. Treinador de um poderoso Botafogo que incluía Garrincha, Didi e Nilton Santos, também exercia o ofício de jornalista, com um jeito tão sutil e sagaz que, reza a lenda, os outros repórteres esperavam para ler o texto dele antes de escrever o próprio. Dizem que teria sido traficante de armas, que teria desembarcado na Normandia com os Aliados, que foi baleado pela polícia e que, em 1949, conheceu Mao, na China. Dizem ainda que, mesmo quando foi demitido do cargo de treinador da Seleção, sempre desfilava com os bigodes postiços de Groucho Marx, acompanhando a Banda de Ipanema. Era um homem aprumado, carismático, egocêntrico e cheio de charme. Ninguém sabe como um personagem assim pôde se tornar, em fevereiro de 1969, em plena ditadura, treinador da equipe nacional que foi preparada para a conquista da Copa do Mundo na Cidade do México, em 1970. De fato, naquela Copa, não foi ele, mas Mário Zagallo, quem dirigiu a equipe brasileira, já que Saldanha havia sido exonerado. Apesar de ter incutido confiança e autoestima na equipe, chamado os campeões de feras, previsto que, por meio da intuição, criatividade e imaginação, venceriam o Mundial, é claro que o ditador Emílio Garrastazu Médici não podia tolerar sua visão ideológica. Saldanha respondeu ao general, que queria impor-lhe um jogador: "Nem eu escalo o ministério, nem o presidente escala time". Na realidade, o temperamento, a inteligência e a imaginação de Saldanha talvez tenham agradado até os generais. Mesmo que isso seja verdade, aqueles não eram tempos de concessões, mas de decisões fortes. O *slogan* que imperava era "Brasil, ame-o ou deixe-o", cópia sem o jogo rítmico do "*America, love it or leave it*", gritada pela direita norte-americana que endossou o macarthismo nos anos 1950. Para ele, também não poderia faltar um final glorioso e fora dos padrões: João sem Medo morreu em Roma, durante outra Copa do Mundo, a italiana de 1990, que estava acompanhando como comentarista.

E HOJE? EM BUSCA DE UMA LEITURA
Amarro os fios da memória e conecto-os, mais uma vez, a essa chegada tardia, muitas vezes adiada, com agonia, nos últimos anos. Não posso deixar de me perguntar qual é o Brasil que vejo, com sensibilidade, olhos e sentimentos envelhecidos, ou simplesmente, como se diz às vezes para dourar a pílula, com mais experiência.

Mas se é este o caso, por que ainda gosto tanto desse Brasil e por que, acima de tudo, me apaixonou e me arrebatou tanto no passado?

Esse Brasil que sempre me oferece uma prova que chega com a dureza de uma sentença, isto é, aqui a monarquia não existe desde 1889, mas a democracia é tão imperfeita que sugere o triunfo de uma "oligarquia absoluta", na qual o Império entrega o aparato estatal aos fazendeiros, ao capitalismo; enfim, à elite branca e rica. E tudo isso com a bênção do Exército, que durante todo o século XX desempenhou um papel importante para manter a ameaça viva, mesmo em períodos de calma e democracia.

De acordo com essa interpretação, que com o passar do tempo passou a ser a minha, o trabalho assalariado mal pago teria sido uma forma de indenização às classes proprietárias pelo fim da escravidão, extinta com a Lei Áurea assinada pela princesa Isabel, regente imperial, em 1888.

É como se a oligarquia, que nesse meio tempo deixou de ser meramente agrária, tivesse reivindicado esse direito, esse acordo tácito, porém tão explícito durante a história republicana. É daí que teria se originado o chamado "racismo estrutural".

De fato, a ascensão da extrema-direita, que obviamente se insere em um contexto global, mantém algumas características peculiares e... brasileiríssimas. Enquanto isso, a radicalização dialética e até prática da direita se contrapõe a uma esquerda que, sendo radical, não tem mais capacidade ou espaço para se impor. A atmosfera no início dos anos 1990, quando Lula conseguia reunir um entusiasmo juvenil que eu jamais tinha visto, antes ou depois, era diferente. Muitíssimo diferente.

É assim que, à memória da resistência à ditadura que reaparece de tempos em tempos, se contrapõe a cara prepotente do individualismo, do liberalismo e da manutenção ciosa de privilégios. Na verdade, é uma pena perceber que muitos, mas realmente muitos, desses oligarcas aliados de Bolsonaro são de origem italiana. São eles que se aglomeram nas nossas cidades repletas de obras de arte, aonde chegam em cruzeiros de navios ou em viagens organizadas a preços altíssimos para os cânones brasileiros.

A IDENTIDADE PENDENTE

O Brasil sempre se interrogou sobre sua própria identidade. Ao escrever *Macunaíma*, o modernista Mário de Andrade celebra uma espécie de utopia nacional: no herói "sem caráter" e "sem moral", encontra-se a primeira das muitas características vendidas como autenticamente brasileiras: a generosidade de um projeto abrangente. Macunaíma começa a própria história como homem branco; torna-se indígena, depois negro, depois mestiço. A utopia do projeto consistiria em imaginar um país em que a democracia racial imaginada por Gilberto Freyre na propriedade agrícola de *Casa-grande e senzala* possa existir; um modelo antropofágico de que gostei tanto que o introduzi como uma novidade em muitas aulas, como uma metáfora mais adequada para explicar os processos de transculturação, no Brasil e em outros lugares. Está escrito "comer o outro", como um mandamento, no *Manifesto antropofágico* de 1928: um gesto não de subjugação ou violência, mas um ato de amor, de aceitação e até de cuidado. Enquanto ando por aquelas ruas familiares, bem perto da Cracolândia, uma paisagem desolada que será protagonista de outro capítulo dessa viagem, me pergunto se o antropófago que me inspirava tanta simpatia e de quem me sentia tão próximo não tenha se transformado em um canibal feroz, impiedoso e cínico. Surge a dúvida de que tenha sido aproveitado o aspecto mais sangrento daquela narrativa, e não o mais nobre e idealista. Por outro lado, a que imagem, senão ao teatro Grand Guignol, remetem as figuras dos vândalos em ação no Palácio do Planalto? A expressão "Só me importo com o que não é meu" talvez possa ser invertida totalmente: hoje "Só me importo com o que é meu".

    Em outras palavras, se desde o *Manifesto antropofágico* o projeto brasileiro era sinônimo de abertura, de abraço, de compartilhamento — este é o país, a atmosfera que conheci nos anos 1990 —, os generais da ditadura, primeiro, e Jair Bolsonaro, depois, derrubaram esse paradigma, tornando a alteridade não mais comestível, mas hostil. Os comunistas, os assim chamados "terroristas", os pobres, os negros, os indígenas, a comunidade LGBTQIA+, as mulheres, os desfavorecidos em geral tornaram-se os inimigos a serem combatidos. A palavra "medo", que não havia conhecido em minhas primeiras viagens, começou a aparecer com uma força e uma clareza que eu não esperava. A retórica do medo, a linguagem do medo, a percepção do medo... O drogado, o pobre, o negro, a feminista, como veremos também o filho de santo, até mesmo o artista e, obviamente, o intelectual, de acordo com essa visão estreita e mesquinha, são os novos/velhos inimigos. A fúria iconoclasta com que os vândalos do Planalto se lançaram contra objetos e obras de arte, patrimônio da cultura brasileira, é algo mais do que um ato simbólico. Esses atos — alguns deles indescritíveis — cometidos nos lugares sagrados do poder não manifestam um projeto rebelde e inconformista, mas ao contrário, o desejo irreprimível de um conservadorismo "que ponha as coisas em ordem de novo", que principalmente coloque aqueles que ousam levantar a cabeça de volta em seu lugar. Além disso, deixando de lado qualquer sensibilidade estética que, como sei por experiência própria, sempre foi típica dos promotores da cultura brasileira. Em outras palavras, na esquerda brasileira existe, historicamente, um culto à beleza que, às vezes, pode parecer discordante, como no caso do Tropicalismo, mas que sempre esteve presente e foi valorizado. O comunista Amado, o camarada Niemeyer, o rebelde Vinicius, o contestador Caetano, do que mais falavam em suas obras, senão de beleza? Uma beleza "popular e simples", como os morros do Rio ou as Cataratas de Iguaçu, que parece ter sido totalmente esquecida, em nome da propaganda do dinheiro, do sucesso, do crescimento, da lei do mais forte, como apregoam as igrejas evangélicas.

Além disso, é verdade, como se diz por aqui, que é mais fácil imaginar o fim do mundo do que o fim do capitalismo;[3] mas na minha ingenuidade, que sempre ressurge, mas que não tenho vontade de esconder, ou pior, de abandonar, o Brasil continua a me parecer diferente. Sempre vi o intelectual completo, gramsciano, como uma garantia sul-americana, um antídoto à vulgaridade dos modos, dos gestos, das ideias. O fato é que Lula, em mandatos anteriores — lembremos, tirando cerca de 40 milhões de pessoas da pobreza —, conseguiu criar consumidores ricos em vez de cidadãos conscientes.

---

3. NE: Essa é uma frase do inglês Mark Fisher, dita e desenvolvida em seu livro *Realismo capitalista* (Autonomia Literária, 2020).

Muitos deles, em vez de demonstrarem eterna gratidão às políticas assistencialistas de Lula, assumiram o papel de financiadores da sociedade capitalista. Enriquecidos, *parvenu, rinisciuti*, como diziam meus pais em dialeto siciliano.

Esse racismo endêmico e sistêmico, do qual tantos escritores norte-americanos falam hoje, continua a permear todas as estruturas sociais e as instituições, e até mesmo as relações individuais, complicando ou às vezes negando o fascínio da mestiçagem, do "racismo cordial" ou da "democracia racial". Os afrodescendentes, seja com Lula ou com Bolsonaro, seja com Fernando Henrique Cardoso ou com Collor de Mello, ocupam os postos mais precários do mercado de trabalho; negros, pardos e mulheres sempre ganham menos que os homens brancos. Talvez não seja irrelevante o fato de o Brasil nunca ter tido uma segregação explícita, como nos Estados Unidos ou na África do Sul, mas isso não é tudo. Não escravizados, mas servos; não uma segregação legalizada, mas velada, dissimulada, mais descontraída e explícita, em que as estruturas e o imaginário ainda remetem à relação senhor-escravo, como no Nordeste.

Lula desafiou o sistema e quer continuar a desafiar. Há apenas um caminho, que tem muitas formas de ser implantado — desde o acesso capilarizado e facilitado à educação pública até a política de subsídios para os mais vulneráveis —, e apenas um mote: cultura.

Enquanto caminho "como um *flâneur* tropical" pelas ruas das "minhas" metrópoles, a visão crua da realidade provoca reflexões mais elevadas, elucubrações timidamente intelectuais: pergunto-me, por exemplo, quando o Brasil se tornará de fato "um país do futuro", como tinha previsto Stefan Zweig em 1941. Mas será que essas pessoas, debruçadas sobre seus aplicativos, escutando *podcasts* em seus celulares "com cobertura" de 5G, realmente se fazem esta pergunta?

SÃO PAULO, A ALEGRIA E A ANGÚSTIA

Eu deveria imaginar que minha vida não seria tão fácil quanto me parecia no início dessa aventura. Que o Brasil "também" poderia me decepcionar, e muito, assim como a vida. Porém, com certeza, não pensei nisso na época. Daquela primeira experiência em 1990, lembro-me daquele ar gelado que marcava o entardecer, aquele ar "argentino" — uma imagem para indicar o frio que vem dos pampas — que fazia as nuvens se movimentarem contra as janelas da Paulista. Aquele era o agosto frio do inverno austral. Hoje, chego em janeiro, no verão daqui, mas o clima é o mesmo.

Hoje, volto a ter esse sentimento totalmente paulistano, essa ilusão pungente de ter chegado ao meu destino porque vejo na placa o nome da rua que estava procurando. Sim, você chegou à rua, mas não baixe a guarda, talvez precise andar mais três ou quatro quilômetros dessa rua para chegar ao seu destino. Em São Paulo, as velocidades se misturam, os olhares se cruzam, percorrem-se trajetos nada convencionais. É preciso ter as antenas sempre ligadas não só para um eventual perigo, mas porque o inesperado pode se apresentar a qualquer momento, em cada esquina.

Para mim, São Paulo é um conjunto de camadas emocionais que foram se sedimentando e, ao mesmo tempo, uma eterna descoberta: tantas coisas que não encontro mais e tantas outras que foram inaceitavelmente transformadas.

Sempre gostei de passar, em poucos minutos, da reluzente Wall Street sul-americana — a Avenida Paulista — para as reminiscências da imigração italiana do Brás ou do Bixiga; me diverti em chafurdar, mesmo que de longe, no luxo mais absurdo e desenfreado — os helicópteros dos ricos contornando as butiques dos Jardins — e, na mesma manhã, mergulhar em conversas sobre a Itália, sobre futebol e política com sapateiros ou carcamanos. Dizem que os donos de lojas de alimentos "comprimem com a mão" na balança para enganar o peso. Sempre fiquei impressionado com a rapidez com que essas pessoas, inclusive meu tio e meus outros parentes, tenham se "abrasileirado", ou melhor, se "paulistanizado", de maneira precoce e criativa.

São Paulo é a décima cidade mais rica do mundo e as previsões a apontam como a sexta em 2025. Além disso, é a capital de um estado com um PIB maior que o da Suécia. Foi e continua a ser ponto de chegada e de permanência, raramente apenas de passagem; sabe ser um refúgio. Até alguns anos atrás, parecia que ninguém queria ir embora daqui. Hoje, não é mais assim: pode ser a crise mundial, a crise política, a falta de confiança, a percepção de que falta o que Paul Collier, em *Exodus*, chama de "consideração mútua". O fato é que agora muitos me disseram que querem emigrar de São Paulo para os Estados Unidos ou para a Austrália, sem nem mesmo saber o que os espera.

Gabriel García Márquez — meu amado Gabo — deixou claro: "A vida não é aquela que se viveu, mas aquela de que se lembra e como se lembra para contá-la". E, assim, meu coração ficou em paz.

No entanto, é o "fluxo", seja qual for a direção que tome, o que define a cidade: aqui, e com uma velocidade e uma dimensão que eu nunca poderia esperar, viajam mercadorias, dinheiro, informações, ideias, inovações. Principalmente pessoas.

Adoro me ver sozinho no meio das pessoas — isso não me perturba; adoro sentar e observar esse fluxo de pessoas imaginando o fardo que cada uma delas carrega. Em certos momentos, ao explorar a cidade, sinto que sou o único a experimentar certas sensações, e certamente não por presunção: sou tomado pela ideia de que os outros pouco ou nada se importam com meus pensamentos. Sentado no Bar Brahma, penso em quantos intelectuais, estudantes e subversivos já passaram por ali, enquanto me parece que os clientes só se preocupam com a temperatura das cervejas ou com o recheio de seus baurus, os deliciosos sanduíches daqui. Se passo em frente ao Martinelli, trago de volta o mito de um arranha-céu que, durante décadas, foi o edifício mais alto da América do Sul — hoje quase desaparece na floresta de edifícios —, mas a aglomeração frenética e distraída dos funcionários me faz pensar que essa memória foi esquecida pela maioria.

Como viajante, como antropólogo ou talvez como um homem egoísta e etnocêntrico, eu gostaria que esta cidade — e este Brasil — mantivesse algo de exótico para ser apreciado antes e, depois, relatado. Em outras palavras, gostaria de que esta cidade se parecesse um pouco mais com Calcutá e um pouco menos com Nova York ou Berlim.

Em 1990, aprendi em São Paulo o que representam a proteção, o conforto e a luz do *shopping center* depois de tanta chuva, de tanta escuridão e de tanta feiura; esse refúgio simplesmente tem sabor de família, de lar, embora na verdade eu não conhecesse os *shopping centers* nem mais tarde passasse a gostar deles. Não consigo me envergonhar tanto assim, mas, especialmente no primeiro ano, precisava de um refúgio diante de tanta estranheza. O próprio Caetano Veloso fala dessa desorientação, do *displacement* — quando alguém está fora do seu hábitat e sente que é um estranho. Além do mais, na época eu não tinha nenhum tradutor, nenhum mediador cultural à minha disposição.

Por exemplo, me chamou muito a atenção o fato de São Paulo ter dois "centros": o histórico, chamado de velho, que vai do Pátio do Colégio, local de fundação da cidade, e se estende até a Praça da República e à esquina apelidada de Sampa, da qual falaremos em breve; e o outro, o Centro novo, formado pela Avenida Paulista e pelas ruas adjacentes, ocupadas entre o fim do século XIX e o início do século XX pelas mansões dos grandes proprietários de terras, cafeicultores e industriais, com seus títulos de nobreza brasileira e italiana! Assim como me surpreendeu aquela ansiedade tipicamente brasileira — mas que em São Paulo é de fácil alcance — de querer e precisar definir tudo, com uma precisão inesperada e, diria eu, inusitada. Na diversificação cuidadosa e rígida de termos como Boca do Lixo, Boca do Luxo,[4] calabresa e salsicha, pareceu-me vislumbrar um pedantismo que simplesmente não combinava com essas pessoas e com a imagem que eu havia formado.

Embora eu não conheça nada de arquitetura, logo imaginei as emoções que São Paulo poderia despertar em quem, por profissão, e não apenas por prazer, precisasse prestar atenção àquelas perspectivas geométricas, que nunca são iguais. Brasil híbrido e miscigenado também neste aspecto, e São Paulo sincrética. O antropólogo italiano Massimo Canevacci me fez notar como aquele viaduto em pleno Centro velho que leva ao Theatro Municipal, pela qual passei inúmeras vezes de 1990 a 2023,[5] um dos símbolos mais usados e explorados da cidade, o Viaduto do Chá, seja dedicado a uma bebida "rival" e filosoficamente oposta ao café, que forjou a história, a economia e o povoamento do Brasil e do estado de São Paulo. A escolha de dedicar o viaduto ao chá seria, segundo conta

---

4. A Boca do Lixo é a região do centro que hoje, *grosso modo*, corresponde à Cracolândia e está localizada no bairro da Luz. Já a Boca do Luxo é ao lado, na área da rua Nestor Pestana, pontilhada por bares e boates.
5. Em janeiro de 2023, fui parado por um pedestre que reclamava que a prefeitura gastava muito dinheiro para recordar a morte de Pelé, enquanto ele, como outros milhões de brasileiros, não tinha nada para comer.

uma das lendas da cidade, uma referência ao excelente *status* que se associa ao seu consumo: algo chique, nobre, exclusivo, como aquela obra de 1877, reconstruída em 1938.

Contudo, todos os anos me refugio no Museu da Imigração, a antiga Hospedaria dos Imigrantes do Brás: era aqui que os trabalhadores imigrantes, em sua maioria vindos da Itália, ficavam hospedados logo que chegavam, para depois passarem por uma triagem e serem distribuídos pelas várias áreas do estado de São Paulo, no fim do século XIX. Pelo menos 2 milhões de pessoas passaram por aqui. Contratos, negociações, sofrimento, quanta coisa essas paredes já viram... Quantas ideias esse lugar me inspira...

O compositor e maestro Gustav Mahler costumava dizer que "a tradição é custódia do fogo, não a veneração das cinzas". São Paulo não venera o passado; pelo contrário, oscila entre uma memória tênue e uma espera eufórica do novo.

Embora incrustada na terra da saudade — o próprio Lévi-Strauss provou esse "sentimento étnico"[6] —, sem dúvida São Paulo olha mais para o futuro do que para o passado. Isso fica evidente na ânsia com que o antigo é substituído e na total ausência de rastros do antigo que foi eliminado.

DEFINI-LA, UMA OBSESSÃO

Se eu pudesse, gostaria de preencher este capítulo com vários "não sei". Não sou capaz de definir São Paulo: não porque queira desistir, mas porque nesses 33 anos esta cidade teve a capacidade e o poder de sempre me parecer diferente e de me surpreender. Foi hostil, depois foi amigável, acolhedora, fértil em perspectivas e estímulos; me assustou, às vezes me aterrorizou, em outras ocasiões me fascinou, comoveu, obcecou. O clima, a pobreza, o belo e o feio, o verde, as pessoas, o perigo, a vertigem: tudo sempre me cativou, e eu gostaria de falar sobre tudo.

---

6. Além de *Tristes trópicos*, que claramente aborda São Paulo e o seu passado, dois livros dele são intitulados *Saudades do Brasil* e *Saudades de São Paulo*.

Foi aqui que conheci a "casa dos meus sonhos", e não pensava realmente que existisse, tanto que a expressão não me agrada: a Casa de Vidro de Lina Bo Bardi, no bairro do Morumbi. Mas por que será que me lembro dela, por que a menciono, a quem poderia interessar? Deem uma olhada numa foto da Casa de Vidro e saberão dizer o motivo: vidraças, apenas vidraças, 360 graus, luz, espaços imensos — antes ficava numa área rural, hoje está na cidade, mas longe dos arranha--céus. Mas vocês se encontram numa colina alta; além disso, estão em cima dos pilares de uma palafita moderna, em estilo racionalista, construída em 1950: podem ver tudo, mas ninguém pode vê-los. A transparência transformada em pessoa, ou melhor, em casa.

Neste verão incomum do Hemisfério Sul, sou assediado pela obsessão: quais são os verbos e termos adequados para falar de São Paulo? E quando os uso — com espanto, entusiasmo, desejo de compartilhar — como são recebidos por quem me escuta? Com incômodo, surpresa, tédio, desinteresse, admiração?

A fé é verdadeira mesmo quando seu objeto é falso, e sou profundamente dedicado à cidade e a todo o Brasil.

Concordo com Massimo Canevacci, que passou muito tempo em São Paulo pesquisando e estudando, que a forte presença da Itália que permeia a cidade diminui a sensação de estranhamento e a torna mais familiar. Mas é impossível não perceber imediatamente o quanto de África, o quanto de América do Sul e até mesmo o quanto de Japão nos cercam, trazendo uma sensação de dissonância em vez de harmonia. Antecipando uma de suas milhares de definições, São Paulo é um hipertexto no qual a ordem e a coerência não são tidas como certas, oferecidas, mas devem ser descobertas, devem ser fruto de uma busca individual.

O estilo de vida é alienante e, ao mesmo tempo, convencional; escorre por imagens, por cânones estéticos superpostos, que podem ser lidos nos gigantescos murais pintados nos muros dos prédios, cruzando ilustrações de temas indígenas com paisagens distópicas, "balardianas": penas de papagaio e arranha-céus decrépitos.

Os paradigmas socioculturais, sugere Canevacci, perduram há 30 anos, ou seja, desde que estive em São Paulo pela primeira vez: uma violência disseminada, inclusive entre a polícia, os traficantes de droga e os evangélicos homofóbicos. Na época, me parecia que este era o preço a pagar para desfrutar de uma beleza inusitada e implacável: o ponto de apoio necessário para a conscientização, a realidade.

Em São Paulo, todo artefato, todo monumento, conta histórias complexas. O Masp, na Avenida Paulista, um paralelepípedo comprido de concreto armado, exemplo da cultura brutalista e obra de Lina Bo Bardi, que se destaca com sua longa fachada e grandes janelas na metade da Avenida Paulista, é ao mesmo tempo um ponto de referência, um símbolo e uma metáfora da cidade. Um museu de arte moderna, uma ponte de vidro sobre palafitas de vermelho ardente, fruto da engenhosidade italiana — em São Paulo, justamente! —, um lugar que possibilita a realização de passeatas, de pequenas feiras de antiguidades, que proporciona uma vista do Centro da cidade, um reservatório de símbolos primitivos, modernos e ultramodernos.

Nesse sentido, cada visita aos principais lugares da cidade ajudou a enriquecer meu olhar. Isso se dá também, ou sobretudo, em virtude da diacronia da observação. O Museu do Ipiranga conta a história da cidade e do Brasil como um todo (o rio homônimo é citado na primeira estrofe do Hino Nacional), e o imenso jardim do museu exibe a multidão dominical que está animada, em clima de festa. O Museu do Futebol, instalado no glorioso Estádio do Pacaembu, com a frase que iluminou meu caminho — "conhecer o Brasil é conhecer o seu futebol" — representa a paixão exclusiva desse povo, com o apoio de efeitos multimídia instrutivos. Já o Museu Afro Brasil, no Parque do Ibirapuera, é a porta de entrada preparatória ideal para qualquer estudo sobre a negritude desse país. Vou parar por aqui com as descrições "turísticas", uma vez que já escrevi sobre isso em detalhes em outro lugar. Em vez disso, gostaria de transmitir algo dessa experiência íntima, e tentarei fazê-lo, pois não posso escapar, "escrevendo com a porta fechada, corrigindo com a porta aberta", parafraseando Stephen King.

No início da minha aventura, eu criava algo para mim mesmo, começando pelo meu trabalho de conclusão do curso de graduação. Confesso que sempre quis escrever aquilo que teria gostado de ler produzido pelos outros, mas com o passar do tempo, pensei, talvez sem nenhuma modéstia, que o que eu escrevia deveria seguir seu próprio caminho no mundo. Que deveria interessar aos outros. Para que tenha um mínimo de valor, algo que é só meu e do qual também sou cioso, também deve se tornar dos outros. Ao escrever sobre o "meu" Brasil, a "minha" São Paulo, isso é muito difícil. Por exemplo, como posso transmitir a atração pelo cimento... "concreto" de São Paulo? Por outro lado, São Paulo é uma cidade riquíssima de verde, de cores, de plantas exuberantes e parques. De flores, além de lixo. De sorrisos, além de marginalizados. Não há dúvida de que São Paulo sofre com comparações incômodas. Não é comparável ao Rio sensual, nem à Bahia calorosa, apimentada e "negra"; não é tão quente quanto Fortaleza ou Belém, nem tão branda e lânguida quanto Belo Horizonte, com seu sotaque e culinária mineiros; é dotada de uma personalidade muito forte e sólida, mas tão mutável e "plástica" a ponto de fazer com que pareça "fugidia". É claro que o Rio e a Bahia são diferentes; ambas têm o sol e o mar. E pessoas alegres. Enfim, São Paulo não sofre da ansiedade de querer ser pintada ou musicada como o Rio ou poeticamente alterada como a Bahia.

Tentei escrever sobre Sampa e tentarei novamente. Só para resumir, São Paulo está para o Brasil como a estridência de uma dissonância na harmonia de um concerto. Como os acordes da bossa nova no ritmo de uma sonata clássica, para usar uma imagem brasileira.

É mais "assustadora, veloz, capitalista", como Reginaldo me disse uma vez em resposta a uma provocação lúdica, ou, como escreveu Massimo Canevacci, "polifônica", por seus fluxos tão diferentes de outras experiências urbanas, por uma paixão que se inflama em suas múltiplas esferas?

É isso: São Paulo me provoca essa reflexão, talvez não intencional, mas profundamente antropológica: afinal, quanto mais você frequenta um lugar, uma pessoa, uma situação, menos consegue situá-la precisamente em seu horizonte cognitivo.

É claro que conhecer, ter a experiência de campo, possibilita que você siga em frente, que busque essa utopia chamada verdade, mas, no fundo, o valor da viagem está na própria viagem, e não no que você traz para casa, no que conta, que escreve. Inclusive porque, nesse meio tempo, você, o observador, também passa por mudanças. Não fica inerte, assim como o objeto da sua observação também não permanece inerte.

É como se São Paulo estivesse satisfeita com o que é. Aí está você, você veio me ver, o que mais deseja? Entre as milhões de pessoas que caminham pela cidade com pressa, entrando e saindo dos *ônibus* e das estações de metrô, lotando os barzinhos durante os intervalos do almoço no Centro, entupindo as ruas varridas pela chuva em seus carros de vidro fumê, a qual delas interessa definir, ou pelo menos opinar, sobre em que milagre da ambição e da insensatez humana vivem? Quem tem tempo para discutir se São Paulo é bonita ou feia, verde ou cinza, riquíssima ou abandonada, muitíssimo humana ou cínica e cruel?

Os primeiros a não se fazerem esta pergunta foram justamente os nossos compatriotas italianos que, ao acompanharem o crescimento convulsionado, antinatural e tumultuado da década de 1950, certamente não se questionaram: "Mas como é possível viver aqui?". Simplesmente preferiam essa poeira, esses cheiros, esses traçados, essa chuva e esse cinza à realidade que haviam desejado deixar para trás e esquecer para sempre.

São Paulo é uma cidade que nos faz sentir vivos, alertas, vigilantes; e, se essa sensação pode ser considerada um *tópos*, bem como uma necessidade da pesquisa de campo, aqui ela é mais do que nunca verdadeira e necessária. Não se trata tanto, ou apenas, de destacar as surpresas constantes que ela reserva, mas de deixar claro que toda possibilidade de demanda, escolha e necessidade pode ser satisfeita. Simplesmente, ou basicamente, aqui encontra-se de tudo: a única coisa que falta é o mar, que para os brasileiros não é pouca coisa, ou a neve, com a qual pouco se importam. Imaginem um guarda-roupa ou um arquivo de dimensões colossais: nenhuma das gavetas ficaria vazia.

São Paulo — sua população, é claro — se apropriou dessa figura tipicamente baiana, africana, afro-brasileira, que corresponde à "estratégia da não escolha" sublimada pelo escritor Jorge Amado em seu romance *Dona Flor e seus dois maridos*. Nessa transmigração da "cidade doce, encantada" para a megalópole rude, a atitude da protagonista de não excluir opções e, assim, abraçar os opostos — o irresponsável Vadinho e o farmacêutico Teodoro, calmo e religioso — se transforma em arquiteturas, em escolhas gastronômicas, musicais, religiosas e até mesmo em... genéticas transculturais. Em São Paulo, mais do que no resto do Brasil, a opção "cancelar" não existe. A ponto de até mesmo o feio, o sujo, o indecente, o trágico e o arriscado — categorias que, no entanto, se comparadas ao cânone ocidental que estamos acostumados a usar, não têm uma tradução literal — retornam constantemente, ou melhor, nunca deixaram de existir nesses mais de 33 anos.

Tentemos por um momento nos fazer acompanhar, como já fiz em experiências anteriores, pelas palavras de Raquel Rolnik, arquiteta e urbanista, listando uma série de definições pop, ou seja, emprestadas não apenas das ciências sociais, mas também de olhares familiares, artísticos, musicais e literários.

"Subúrbio, *Sprawling City*, Metrópole Policêntrica, Megametrópole, Megalópole, Megacidade, *Edge City*, Cidade Dispersa, Cidade Global, Cidade Mundial, Cidade-região, Cidade Mundo, Cidade-fluxo, Rede de Cidades, Cidade Mosaico, Cidade Caleidoscópica, Cidade Fragmentada, Cidade-tela,

Cidade Fortaleza, Cidade Vertical, Cidade Pós-moderna, Cidade Mutante, Cidade-Estado." Será que eu, e principalmente Raquel, fomos exaustivos?

São Paulo me acolheu com sua franqueza habitual também dessa vez, não escondendo nada sobre sua decadência, sua progressiva ruína. Uma ruína que certamente não tem nada de definitivo ou irresolúvel. A história, e aqui mais do que nunca, não é linear, mas cíclica, com lembranças, homens, objetos, drogas, situações, cheiros que ressurgem, como um rio caudaloso que carrega diferentes materiais, mas cuja fúria, mais cedo ou mais tarde, diminuirá.

Milhares de histórias e sensações nos levam a pensar que o furor vai diminuir, mas essa sensação advém principalmente quando a sobrevoamos e somos acometidos por dúvidas: como, quando e por que uma cidade assim vai acabar? Como fará para desaparecer?

Sua dimensão multicultural é tão lendária e narrada quanto visível, sentida, multidimensional, aparecendo até mesmo da janela do avião que chega à noite no aeroporto Congonhas, localizado em plena área urbana, quase tocando os arranha-céus, provocando uma sensação de verdadeiro espanto antes que de medo.

O fato de poder acordar no Japão, no bairro da Liberdade, depois de ter passado a noite no Bixiga em uma festa tricolor, repleta de comilanças e clichês do *Bel Paese*; de almoçar em Higienópolis em um restaurante *kosher* e, à tarde, passear pelo Parque Ibirapuera, entre pessoas de todas as origens e classes sociais que, entre uma corrida e outra, se sentam para se refrescar com açaí na tigela, e à noite, degustar o tradicional vatapá baiano no bairro de Perdizes (ah, e amanhã, o delicioso falafel da Vila Madalena, a carne argentina da Vila Mariana, ou a pizza, tão difundida e popular que aqui já é considerada um prato local); tudo isso não representa uma experiência esporádica ou excepcional, mas é simplesmente a vida cotidiana, a normalidade vista com uma descontração benévola. Tudo isso tem consequências na maneira como os paulistanos pensam e agem, em seu cosmopolitismo, em seu grau de hospitalidade, em sua percepção de miscigenação. Também há um certo grau de ceticismo em relação ao que é novo: lembrem-se do que dizem sobre Roma e dos romanos, que "já viram de tudo" e que, portanto, "nada os surpreende". Bem, imaginem essa sensação e essa hipótese multiplicadas por dez.

Essa multiculturalidade não separa, não exclui ou cria guetos, como acontecia, pelo menos em outros tempos, nos bairros de Manhattan, em Nova York. Ao contrário, torna possível um grau de interpenetração e participação mais eficaz e resoluto.

Relendo alguns de meus escritos de mais de vinte anos atrás, percebo que idealizei esse modo de ser. Vem à mente a pergunta: será que exagerei? Talvez não: a interminável reflexão sobre a identidade e o mito criado ao considerá-la uma essência rígida e imutável, justamente em São Paulo apontam como esse jeito de ser é plausível: aqui tudo é fluido, pode ser sobreposto, tudo é permutável, mutável, com exceção da resistência dos desequilíbrios sociais, ancorados em lógicas e estruturas antigas.

Se for verdade que São Paulo pode ser considerada uma cidade impressionante — no sentido de "impressionar" —, se for verdade que existe, de certa forma, uma história não oficial, é hora de falar sobre um verdadeiro choque.

ENTRE CRACK E DITADURA
Escrevo-lhe, procuro-o. Luca Meola é um fotógrafo amigo meu que conheci na Itália em uma de suas viagens de volta, mas que em São Paulo se sente em casa. Não exatamente em São Paulo: geograficamente, estaria e trabalharia em pleno Centro, mas essa vasta área é, na verdade, um ambiente enlouquecido, uma zona franca, embora repleta de monumentos e locais que valeria a pena visitar. Mas hoje, para a maioria dos paulistanos, ela está fora de alcance, e os viajantes

estrangeiros que se aventuram por aqui são tomados por sentimentos contraditórios, por pensamentos abomináveis ou nobilíssimos, por lembranças dantescas — conhecem as ilustrações de Gustave Doré? — e por sentimentos de culpa existenciais. Estamos na Cracolândia, um inferno extenso, que se espalhou como fogo selvagem a partir de uma área restrita e agora é quase ingovernável, além de intransitável.

Conheci Luca Meola na Itália e afinidades eletivas, paixões comuns e conhecidos paulistanos nos levaram a conversar várias vezes, também em público. Luca é fotógrafo e documentarista, além de sociólogo formado, com grande experiência em cooperação e defesa dos direitos humanos. Seu interesse por territórios marginais levou-o, nos últimos anos, a desenvolver, graças a um olhar vivo, uma documentação diária da Cracolândia, considerada o maior mercado de crack a céu aberto de toda a América do Sul e, portanto, um dos mais problemáticos do mundo. Menciono esse histórico porque explica em parte sua sensibilidade e a profundidade da sua análise, que Luca compartilhou comigo nesses primeiros dias de 2023. "Vim para o Brasil por causa de uma mulher", me diz. É altíssimo o número de apaixonados pelo Brasil que conheci, que vieram para cá a fim de *cherchez la femme*, ou como me diz Luca, por "uma escolha um pouco maluca". Talvez eu seja a exceção.

"No início, eu também me aproximei desse inferno com curiosidade e medo", me conta Luca; "foi um menino de rua que me acompanhou e eu, hesitante, o segui. Lembro-me daquele itinerário, da Praça da República passando pela Avenida Rio Branco, com a progressiva mudança da paisagem urbana, cada vez mais degradada, em direção ao fluxo, a concentração de dependentes químicos e vendedores de drogas".

Compreendo o que ele quis dizer, e com cautela também eu me aproximo desse cenário pós-apocalíptico, voltando a visitar o magnífico Museu da Língua Portuguesa, repleto de instalações, sons evocativos, jogos de luz, emoções. A cultura antropofágica em exposição, o Brasil, a cultura literária,

oficial, surpreende em sua graça e profundidade. Debruço-
-me do terraço do que outrora foi a Estação da Luz e vejo,
embaixo, os acampamentos dos "sem-teto", dos "sem-nada".
Saio: sinto-me como um dos protagonistas do filme *Interceptor*. Percebo uma diferença abismal em relação às outras vezes, inclusive à última.

Embora tivesse feito vários deslocamentos entre os bairros da Luz, Campos Elíseos e Santa Ifigênia, esse mercado da droga, presente desde o fim dos anos 1980, em 2018 era tão visível quanto circunscrito.

Hoje, transformou-se em um panorama que alguns antropólogos definiram como "territorialidade itinerante", isto é, o "fluxo" polvilha todo o Centro, deslocando-se de acordo com as políticas públicas e as medidas adotadas pela prefeitura e pelo governo estadual. Com a fantasia engenhosa que caracteriza os brasileiros, de vez em quando essas intervenções têm sido chamadas de dor e sofrimento, para lembrar as intervenções policiais, ou de braços abertos, para sublinhar a gestão "romântica" do prefeito Haddad, no cargo entre 2013 e 2016.

Foi durante esse período que Luca conheceu a Cracolândia a fundo, com seu fluxo concentrado ao lado de uma grande tenda onde várias pessoas de jaleco branco, profissionais da área de assistência e saúde, interagiam com os dependentes químicos. "Na época, as intervenções eram norteadas por uma política de redução de danos. Não se pedia às pessoas que deixassem de fumar — nas barracas usadas para vender drogas, as pessoas continuavam a comprar todo tipo de substâncias, especialmente crack, e uma miríade de infelizes se aglomerava ali 24 horas por dia, mesmo à noite, todos os dias —, mas a prefeitura lhes oferecia um teto nos hotéis sociais do bairro, um emprego, como limpar as ruas ou reciclar o lixo; eles também recebiam um modesto auxílio financeiro e apoio terapêutico e psicológico. Nesse contexto, muitas pessoas, se não chegaram a parar, pelo menos reduziram consideravelmente o consumo."

A catástrofe começa em 2017. O prefeito João Doria, convencido de que, em virtude da visibilidade, a questão da Cracolândia deveria ser tratada como um problema de ordem pública — e não de saúde — e, portanto, precisaria ser extirpada pela raiz, promove uma gigantesca operação policial que simplesmente transfere o fluxo de um lugar para outro.

Em maio de 2022, o prefeito em exercício, Ricardo Nunes, inicia uma nova operação que recebe a alcunha de — vejam a fantasia de novo em ação — Caronte —, o barqueiro das almas dos mortos, simbolicamente o traficante que faz morrer os dependentes químicos ou que convive com pessoas que se consideram mortas. Assim, o fluxo é miniaturizado e disperso, para dar origem, de fato, a muitas Cracolândias de médio porte. Em suma, os dependentes químicos não abandonaram o Centro da cidade: simplesmente "colonizaram" ruas e calçadas em grupos menores e itinerantes, em um raio de cerca de um quilômetro. O fluxo de desafortunados não diminuiu, como se obstinavam em afirmar a prefeitura e o governo estadual, mas se dispersou, ocupando várias áreas da cidade em vez de uma. Em outras palavras, hoje as dinâmicas típicas da Cracolândia são vários cruzamentos das regiões da Luz, da Santa Cecília, da Praça da República e dos Campos Elíseos. Com relação a esta última, leio na *Folha de S.Paulo* sobre a criação do Museu da Favela, no Palácio dos Campos Elíseos, na Rua Guaianases, em plena Cracolândia.

Chegar aqui, no que outrora foi uma das ruas mais prestigiadas do bairro mais elegante de São Paulo, é ao mesmo tempo um alívio e um susto. O palácio, que já foi a luxuosa sede do governo paulista, com espelhos venezianos, porcelanas e um jardim bem cuidado, e o próprio museu, com instalações, exposições temporárias e a sugestiva narração da favela brasileira como um lugar "denso" de relações sociais e cultura, certamente valem a visita. O museu possibilita, de fato, entender como é viver em um morro e por que a favela também pode ser tratada como um fenômeno urbano, econômico, antropológico e social. Exibe a favela "empreendedora", um lugar de criatividade e *startups*. Uma faceta festiva, orgulhosa e incomum: o outro lado da história, a utopia, o futuro, a possibilidade, a esperança, um paradigma de solidariedade em vez de fluxos migratórios confusos, urbanização caótica, pobreza e violência — mais de 11 milhões de pessoas no Brasil vivem em favelas, 2 milhões só em São Paulo.

Porque o futuro da favela, uma realidade eterna dinâmica e móvel, tem a ver com o futuro do país.

Mas foi exatamente a circunstância desse desembarque que me levou a uma epifania desoladora. A chegada foi bastante traumática, com o motorista do Uber literalmente se esquivando primeiro de um homem e depois de uma mulher, nus no meio da rua. Na saída, enquanto esperava o motorista — o Uber é uma conveniência, uma salvação, uma oportunidade, uma vez que, a um custo baixo, te faz sentir útil para a economia local —, o guarda corpulento, obviamente afrodescendente, me disse para não esperar na rua. "Fica aqui", me ordenou com uma voz peremptória. Eu me senti perdido, covarde, ingrato com um país e uma cidade que haviam me dado de tudo, e que eu havia retribuído com o meu amor visceral, do qual, naquele exato momento, parecia assustado e ávido para fugir. Realmente não sabia o que fazer, o sorriso caloroso daquele guarda robusto parecia gritar para mim: "Confie em mim, é melhor você não sair". O espírito de adaptação é o que sempre me encantou nesta cidade. Aqueles zumbis que vejo circulando do lado de fora do portão me parecem a melhor metáfora do Brasil de hoje, um gigante ferido, com seu sangue amortecido por um pano fétido.

Assim, volto à minha entrevista. "Embora seja verdade que essa operação tenha sido planejada para dar um golpe no tráfico", explica Luca, "na verdade, de certo ponto de vista, agravou a situação. Gosto de usar a metáfora da tacada de bilhar, que espalha sobre a mesa as muitas bolas que estavam aglomeradas".

Portanto, o problema, longe de ser eliminado, foi exacerbado pela dispersão dos usuários, cujos apoio e cuidado se tornaram mais problemáticos.

"Além da ambivalência devastadora da polícia", reclama Luca, "que possibilita que os assistentes sociais façam seu trabalho, mas ao mesmo tempo dispara balas de borracha e gás lacrimogêneo; é justamente a dispersão que torna muito mais complexa a relação entre esses assistentes sociais, psicólogos, enfermeiros e as pessoas que necessitam de ajuda". Do jeito que está é realmente difícil construir uma relação de proximidade e confiança.

Pude ver com meus próprios olhos que o número de pessoas vivendo nas ruas — foi um choque cultural mesmo naquele remoto 1990, mas as dimensões hoje são bem diferentes — aumentou exponencialmente de 25 mil "zumbis" pré-pandemia para os atuais 48 mil, de acordo com as estatísticas. Essa população, comparável à de uma de nossas cidades do interior, inclui dependentes químicos e pessoas sem moradia ou emprego; um mosaico multifacetado — do qual fazem parte tanto dependentes de crack quanto de álcool — que também torna problemática a escolha das políticas públicas. A impossibilidade de estimar o número de pessoas que habitam a Cracolândia é um dos aspectos, e uma das consequências, das ações policiais. Se não é possível sequer saber o tamanho da população afetada, é evidente que os serviços de saúde e assistência social ficam comprometidos. Mais uma confirmação de que, com sua variedade e complexidade, o Brasil continua a derrubar a ideia de que se pode pensar e agir utilizando categorias antigas, gerais e universais.

Um aspecto que não deve surpreender é a alta porcentagem de afrodescendentes, o que não pode deixar de provocar um paralelismo imediato com o que aconteceu há algumas décadas nos Estados Unidos, na época da disseminação do crack e do combate desencadeado por Ronald Reagan, acusado de racismo e do aumento injustificado das penas.

A Cracolândia muda, mina certezas e solicita sensibilidades novas e inesperadas. Frequentá-la é uma espécie de chance concedida a poucos privilegiados.

"A Cracolândia é um lugar muito difícil, mesmo para um fotógrafo. Você certamente não pode tirar fotos de traficantes ou de clientes que têm vergonha, não querem que suas famílias os encontrem e têm o direito de preservar a própria história. Um dia me deparei com uma figura absurda e emblemática, um homem negro gritando e distribuindo pão. Cheguei perto dele e perguntei se poderia acompanhá-lo.

"O Pastor do Pão, como é chamado, não é um pastor, mas um catador que recolhe doações e entra no fluxo. Graças a ele, conquistei a confiança de muitos e fiz uma série de retratos. Outra pessoa que foi fundamental para meu trabalho foi Giulia, uma ativista que viveu muito tempo na Itália, mas que foi embora. Ela tinha uma verdadeira obsessão pela Cracolândia, estava lá todos os dias, entrava em contato com as famílias dos dependentes, ia atrás de sapatos para todos, cuidava da logística."

Então veio a pandemia. "Em 2020, registrei a vida cotidiana desse momento complexo. Aqui a pandemia assumiu as feições de mistério. Ninguém usava máscara, mas a incidência da covid na Cracolândia foi mínima." É claro, acho eu, que todos tentaram evitar qualquer contato com essa comunidade tão estigmatizada e marginalizada.

"Em 2022, aconteceu o terceiro encontro que marcou minha vida", conclui Luca. "Graças à antropóloga Amanda Amparo, afrodescendente, agucei minha visão sobre a questão racial. Ela chamou a Cracolândia de quilombo urbano, e os corpos negros que a povoam de aquilombados. O próprio fato de ser negro no Brasil te coloca em uma condição de resistência e de 'aquilombamento'; recria-se a mesma dinâmica de outras situações, que favorecem a solidariedade, a união, a empatia."

Luca compartilha comigo a desorientação, uma certa inépcia e um sentimento de culpa por estudar ou, de qualquer forma, relacionar-se com pessoas negras sem ser negro.

Não sabemos o que tenha significado e signifique não ter um "lugar" do ponto de vista político, do trabalho, da moradia.

A ideia de que o racismo seja "estrutural" no Brasil ressurge com sua natureza problemática avassaladora e incômoda; em todos os lugares, e até na Cracolândia, o tratamento dispensado a quem é branco, não importa se seja pobre, doente, dependente químico ou sujo, é diferente àquele oferecido a quem é negro.

"Hoje a Amanda é minha principal parceira, trabalhamos bem juntos; produzo imagens, histórias e entrevistas; ela escreve textos, artigos, teses antropológicas. Cuido da segurança física, enquanto ela, na qualidade de mulher negra, me garante o acesso a um ambiente muito interessante e me possibilita, pelo menos, tentar enxergar aquele lugar com a perspectiva de um corpo negro." No dia da entrevista, chegou uma ótima notícia para Luca Meola: ele havia acabado de ser selecionado em um edital para criar um arquivo fotográfico inédito da Cracolândia, que será exposto no Museu da Cidade de São Paulo.

Uma última consideração. A covid foi combatida com a vacina inclusive no Brasil: para o vírus da indiferença, qual será o soro que salvará São Paulo?

DO LUXO AO LIXO

Já mencionei que, ao visitar São Paulo e o Brasil, sempre tive a impressão de que havia uma espécie de obsessão com a classificação de tudo. Isso sempre me desconcertou um pouco, considerando que, com certeza, vejo essa cultura como variada, mas também bastante homogênea e não propensa a limites ou fronteiras. Enfim, que sentido faz especificar até onde vai a Boca do Lixo e onde começa a Boca do Luxo, para distinguir, na prática, o nível de prostituição e de degradação da área? A fronteira é visivelmente tênue — com a Avenida Rio Branco demarcando os dois ambientes —, no entanto, os paulistanos parecem percebê-la com grande ênfase.

Essa região sempre atraiu massas populares, com a Estação da Luz alimentando movimentos, obscuros ou não. Entre as décadas de 1950 e 1980, aqui foi instalado o centro cinematográfico mais importante do país, com muitos estúdios e *sets* de filmagem independentes. Ainda hoje, enquanto "zapeio" a TV, fazendo um exercício sociológico despretensioso, me deparo com filmes produzidos no Brasil, do gênero pornochanchada, uma vertente semelhante aos nossos filmes B, com uma pitada de temas sociais e até algumas prostitutas que se improvisam como atrizes.

Para ser sincero, a impressão mais vívida que tenho dessa área é o horror do que aconteceu em um prédio que se destaca pela cor marrom, com sua arquitetura rígida. Neste edifício, que entre 1940 e 1983 sediou o Departamento Estadual de Ordem Política e Social de São Paulo (Deops-SP), uma das corporações policiais mais violentas do país, hoje fica o Memorial da Resistência. É basicamente um museu da dor, da tortura e da ditadura. Visitá-lo é um golpe no coração, a ponto de fazer com que sair seja quase um alívio — apesar da catástrofe humana que te espera do lado de fora. No museu, estão os fantasmas do passado que te advertem sobre os danos da história; no entorno, restos humanos, zumbis seminus ou completamente nus, esfarrapados e fedorentos, vagando sobre os escombros do nosso presente, do nosso capitalismo, do nosso egoísmo.

APESAR DE TUDO
No entanto, essa visão aterrorizante da cidade não é suficiente para me afastar dela, muito menos para deixar de amá-la. De vez em quando, penso na aclimatação ao que é desagradável e naquele sentimento, tão persistente e vago, que nos torna tão apegados a uma cidade, a uma situação, a uma mulher ou a um homem ao ponto de ficarmos completamente incapazes de espírito crítico. Em vez disso, quero ir ao fundo da questão; uma vez que nunca serei capaz de negar ou apagar as

lembranças entusiasmantes ou as fontes de inebriamento dos primeiros anos; pelo contrário, gostaria de colocá-las de volta na dimensão correta que acompanha o crescimento da minha experiência e da minha mudança como homem.

Aí está a questão: as coisas mudam, é claro, mas também muda, principalmente, quem observa. Hoje pareço ter um olhar mais desapontado, talvez cansado, mas também mais objetivo e completo. Aqui estão meus *Tristes trópicos*, para citar a obra de Lévi-Strauss que tem inspirado profundamente meu olhar sobre a cidade de São Paulo. Deste texto imprescindível, na época eu tinha selecionado as imagens inesquecíveis de prédios em construção, quase como se fossem animais saciando a sede no Vale do Anhangabaú. Aquela era a cidade em construção na década de 1930, febril e laboriosa, assim como febril e laboriosa era minha predisposição fanática para construir meu imaginário sobre a metrópole. Conectada ao resto do mundo e ao mesmo tempo autossuficiente: global e local, um modelo universal (pelo menos para uma parte do mundo) e ao mesmo tempo autorreferencial.

Minha São Paulo é feita daquelas pessoas penduradas nos ônibus poluentes rumo a Campo Limpo e das luzes de refúgio dos shoppings, que me davam a oportunidade de telefonar para casa, sem o constrangimento dos orelhões, aqueles telefones públicos compostos por uma meia cúpula que sempre achei meio incômodos e que ainda hoje, embora em desuso, pontilham a paisagem urbana; São Paulo era minha busca assídua, à noite, nos candomblés suburbanos e naqueles mergulhos nos bairros dos migrantes, sobretudo italianos. Cantinas e orixás, visões já apocalípticas — embora não exatamente as da atual Cracolândia — e parênteses românticos: lembro-me da entrevista com Armando Puglisi, o Armandinho, memória histórica do Bixiga, o bairro do nosso *paisà*: seu museu era tão terno, tão pobre e banal, mas tinha o mérito de manter viva a memória da Itália naquele pedaço da América. Na verdade, o bairro se chama Bela Vista, mas para todos é o bairro do Bixiga, no

Centro de São Paulo, se é que ainda se possa identificar um centro nessa megalópole desagregada. Além dos restaurantes e das cantinas — nossas *trattorie* —, o bairro é caracterizado por teatros famosos, entre eles o Oficina, pelos festivais gastronômicos e, mais ainda, pela festa de Nossa Senhora Achiropita. Quando estou em São Paulo em agosto, nunca deixo de ir: experimento novamente aqueles sabores fortes da culinária calabresa que fazem parte da minha formação, um pouco, mas só um pouco, incomodado com o desconforto da situação. Em pé, no meio da multidão, macarrão com *polpette* — bem no estilo americano —, uma fatia de pão e uma taça de vinho tinto. Como segurar os talheres? Seriam necessárias três mãos, no mínimo. Mas, com o passar do tempo, o Bixiga também mudou, "morenizando-se": a escola de samba Vai-Vai e o terreiro de candomblé Ilê Axé Iyá Oxum, do pai Francisco Lima de Oxum, agora marcam a paisagem urbana, atestando, se é que é preciso provar, como São Paulo vive de sobreposições, deslocamentos, proposições renovadas e mudanças.

Aquela primeira São Paulo foi um conjunto de imagens indeléveis, que tive dificuldade — talvez só esteja fazendo isso agora — de colocar na dimensão temporal correta, pois as memórias às vezes são "espremidas" e se sobrepõem. Algumas lembranças, entretanto, permanecem indeléveis e posso associá-las ao momento exato a que se referem. Como algumas canções, tendo em vista que a música é um condutor de emoções que muitos — não eu — ignoram. A primeira vez que ouvi Marisa Monte e seu "Bem que se quis", a elegantíssima versão de uma canção de Pino Daniele, pareceu-me entrar em contato repentino e mágico com um mundo sofisticado, descolado e inalcançável que, segundo meus preconceitos, combinava mais com Manhattan do que com a São Paulo angustiante em que eu estava imerso. Lembro-me bem do pensamento que me passou pela cabeça: então o Brasil também é isso? Voltei a assistir Marisa cantar em Milão e depois novamente em São Paulo, e ela sempre renovou aquela primeira impressão.

Foi assim que, enquanto eu explorava a metrópole, relendo Lévi-Strauss e reproduzindo — uma ideia que pode ter sido banal, mas que na época parecia eletrizante — suas fotografias de uma cidade obviamente transformada e quase irreconhecível, fiquei intrigado com aquela esquina, *Sampa*, que na verdade me parece longe de ser significativa. Os paulistanos construíram uma mitologia em torno dela e, mais do que qualquer outra coisa, trata-se de uma imagem que está para o Brasil assim como o *sushi* está para o Japão, a arte renascentista para a Itália ou Hollywood para os Estados Unidos. Um produto local e, ao mesmo tempo, veículo de ícones imortais.

O PLANETA CAETANO

Além de Reginaldo, não há outra pessoa, que não Caetano, que eu indicaria como o Virgílio ideal para uma viagem ao Brasil. Caetano Veloso, o experimentador, foi capaz de atravessar todas as reviravoltas da história, superar todos os obstáculos políticos, seguir todas as tendências e movimentos. Ele sempre me acompanhou desde a minha primeira viagem, é claro, a São Paulo, mas também ao Rio e à Bahia. Cruzando o equador, admirando as linhas de Brasília e percorrendo o trem colorido da paisagem agreste. Segundo o raciocínio ocidental, um personagem desse tipo poderia ser imediatamente associado à figura do oportunista, do conformista ou do homem do sistema convencional. No entanto, é exatamente o oposto. Caetano não seguiu as modas — sejam elas a bossa nova, o tropicalismo, a adesão ao cânone afro-brasileiro, a exaltação do erotismo carioca, a defesa dos índios, a ironia lúdica da aliteração, a apologia entusiasmada do Carnaval, até mesmo o cânone de Almodóvar: ele as criou. Agente cultural como nenhum outro, um verdadeiro "caso" antropológico, uma metáfora, mesmo em sua fluidez e sua imprecisão, na impossibilidade de encerrá-lo em um cânone do próprio Brasil/cultura.

Sua biografia — que seria inútil repetir aqui — explora todas as possibilidades humanas.

Na sua parábola, que corresponde à sua vida artística, Caetano foi de tudo: homem de mau gosto, *kitsch* ou refinadíssimo, poeta e escritor, cineasta — sua primeira vocação —, polêmico e gentil, preso e exilado pela ditadura militar, tradicionalista e inovador, antropofágico e concreto.

    Nenhum "cantor" teve a honra de se tornar um verbo: caetanear, de acordo com seu amigo Djavan na música "Sina", torna-se sinônimo de "saber aproveitar o que é bom"; nenhum artista foi capaz, como ele, de seduzir o viajante que percorre o mundo. Nunca conheci alguém que ignorasse o valor humano dele, sua importância estratégica para o conhecimento do Brasil ou o seu papel cultural. O máximo que alguém pode dizer é: "Não gosto dele como cantor". Até aí, tudo bem, podemos conversar. Seu timbre de voz, aquele seu sussurro, que evoca versos e o espírito da bossa nova, antecipando-os e transcendendo-os, seus gestos e sua maneira de pronunciar as palavras cativam até quem não conhece a língua portuguesa.

    No entanto, neste ensaio, não posso deixar de me deter em como e por que Caetano Veloso me levou a conhecer São Paulo, fazendo com que eu praticamente me apaixonasse por ela antes que a entendesse. Para mim, mesmo antes de ser uma âncora do ponto de vista material, "Sampa" sempre foi uma bússola existencial, um refúgio, um passaporte. É como se as frases dessa obra-prima poética soubessem me conduzir à verdade. Que, além disso, sempre será fugidia — felizmente, caso contrário eu teria aniquilado meu motivo para viajar.

    Gosto de imaginar que, para cada uma das minhas explorações, há uma estrofe específica desse hino à cidade.

    Tudo em São Paulo parece andar rápido, tudo é descuido e cinismo, mas Caetano imagina o cruzamento entre a Avenida Ipiranga e a Avenida São João, batizado justamente de "Sampa", como o início de uma narrativa que sabe combinar migração e religião, industrialização e sentimento, reflexões filosóficas — e literárias — e urbanismo do século xx. Amor, ódio e mais amor. E esperança.

O fato é que *alguma coisa acontece*, "algo" estranho e profundo "acontece" quando passamos por ali, a poucos passos da Praça da República e do arranha-céu Martinelli, como narram os historiadores da cidade, ou talvez quando nos sentamos às mesas do Bar Brahma, também ele tão boêmio e histórico. Ouvir *Sampa* sempre me lembrou a leitura de *A linha da sombra* (*The Shadow Line*), de Joseph Conrad: se e quando você entender o significado dessas obras, terá se tornado um adulto.

O que, já de partida, me parecia horrível, assim como o clima muitas vezes sombrio, o ar que parecia irrespirável, os arranha-céus opressivos e sombrios — quem gosta de arranha-céus? — o trânsito tumultuado e impossível, as dimensões impraticáveis, após pouco mais de um mês, quando começava a "sentir" alguns resultados, se transformou na essência, na marca, na identidade da cidade. Aprendi que, para que você se proteja, São Paulo deve ser "atacada", "vencida", ou, em outras palavras, deve ser percorrida de forma consciente; se você a enfrenta com a postura de *flâneur*, como é permitido no Rio ou em Salvador, cidades que "abrigam", envolvem, mimam, pode ser esmagado.

Além do mais, aquele amontoado de sensações excitantes e tumultuadas provocadas pelo impacto com a megalópole, que eu pensava ser só meu e pertencer a mim por direito, na realidade é compartilhado por todos os visitantes, a começar pelo próprio Caetano, que se torna intérprete dessa desorientação existencial. Ele, que vem daquele "sonho feliz de cidade" que é Salvador, assim como eu, que chegava do Vale do Pó.[7] Ambos, porém, de mundos muito distantes. Ninguém

---

7. Com uma extensão de 46 mil km², 400 km de comprimento e uma largura máxima de 270 km, o Vale do Pó, também conhecido como Pianura Padana, ou Planície Padana, estende-se do oeste ao leste do território italiano, no norte do país. Fica entre os Alpes, ao norte, e a cadeia dos Montes Apeninos, ao sul, cortada pelo Rio Pó na área central. O adjetivo *padana* deriva de *Padus*, nome do Pó em latim. O Vale do Pó concentra várias áreas agrícolas e industriais, entre as mais importantes da economia italiana. (N.T.)

entende muito sobre o "dura poesia concreto das tuas esquinas" ou "da deselegância discreta de tuas meninas": é verdade, nem mesmo eu.

É o mal-entendido do encontro, o abismo do desnorteamento, da desorientação, o assombro da estranheza. A poesia é difícil porque não pode ser romântica, mas se mantém como poesia, sofrida e expressiva; e é concreta,[8] como o "cimento" e como a vida. Na referência à falta de elegância das paulistanas, há uma referência da diversidade do olhar que recai sobre as três principais cidades brasileiras: Salvador é imaginada como colorida, africana e solar; o Rio é percebido como sensual, sedutora e *maravilhosa*, elegantíssima à sua maneira, modelo hegemônico de beleza; São Paulo... é feita para trabalhar, correr, produzir, e ainda com aquele clima tão instável, obriga todos a se vestirem várias vezes ao longo do dia. Convenhamos, pode ser elegante uma cidade onde te aconselham logo para "vestir-se em camadas", com uma peça de roupa sobre a outra, como se você fosse uma cebola? É verdade que, nesse meio tempo, São Paulo se tornou uma das capitais mundiais da moda — *cherchez la femme* e *cherchez l'argent* — mas talvez Caetano, em 1978, quando escreveu a música, não podia imaginar.

Após uma referência a Rita Lee, artista icônica da cidade, Caetano passa para uma referência mitológica profunda e universal que sustenta a relação observador-observado, problematizando-a. A referência a Narciso, além de confirmar a marca estilística e a sagacidade cultural de Caetano, remete ao drama do encontro com o que ou quem não se reconhece no espelho, ao eterno medo da alteridade, do desconhecido. É muito fácil definir como de "mau gosto" o que não faz parte do horizonte do que conhecemos; é mais complexo colocar-se nas condições do outro e na disposição de conhecê-lo.

---

8. A expressão também se refere, em muitos casos, ao movimento literário "concretista", do final da década de 1950.

A difícil, infeliz e hostil São Paulo ensina imediatamente ao viajante, ao migrante, ao sonhador, uma realidade dura e sofrida, mas também oferece oportunidades, ensina a exercitar um espírito de adaptação indispensável para a sobrevivência, em resumo, "forma" e "constrói" humanidade, como se conhecê-la representasse um rito de passagem.

A São Paulo de Caetano, que também é um pouco minha, termina com imagens cinematográficas — "do povo que vive nas vilas, nas favelas, da força da grana que constrói e destrói coisas belas, da feia fumaça que sobe, apagando as estrelas" — que se tornam patrimônio do conhecimento de todos, relato compartilhado, familiar, eterno. Há menções à vida pobre dos imigrantes, à poluição — a fumaça das fábricas que obscurece a visão das estrelas e, portanto, a possibilidade de sonhar —, ao tráfego caótico, ao capitalismo implacável, às desigualdades insolúveis.

Mesmo assim, nascem poetas em São Paulo — conheci alguns, profissionais e de rua, portanto, ainda mais poetas —, a utopia cresce, os movimentos religiosos prosperam, os afrodescendentes do Nordeste criaram o novo quilombo, e os "novos" baianos, os das novas gerações, podem passear tranquilos, integrados e, uma vez que se tornaram verdadeiros paulistanos, podem se divertir ("curtir numa boa" é a gíria para bem-estar e boa disposição). Torna-se agradável até passear na garoa, a nevoazinha que cai na cidade, que Claude Lévi-Strauss descreveu tão poeticamente como "um brilho pálido feito de miríades de pequenas bolhas d'água que caem em uma atmosfera úmida: uma cascata de *consommé* à tapioca!". E quem melhor do que um alexandrino — falo de Umberto Eco e do seu inesquecível elogio à neblina — pode concordar, sentindo-se tão protegido, escoltado, envolvido pelo manto branco e etéreo?

Mais tarde, encontrei Caetano outras vezes, em Turim e em Milão, no início dos anos 2000. Na primeira vez, depois que um show tinha sido cancelado pela chuva, seu assessor de imprensa italiano e eu fomos à casa do produtor. Foi a primeira e última vez que experimentei o que se chama de "uma noitada em um salão nobre da cidade". Não era Nova York — não havia Gay Talese —, tampouco era a Roma do filme *La grande bellezza* —, nada de Nanni Moretti ou de Paolo Sorrentino. Apesar disso, eu estava, sim, imerso naquela atmosfera *radical chic*. Peço desculpas pela digressão italiana, mas se trata de fatos que ilustram Caetano e a mentalidade brasileira e me parecem significativos.

Caetano estava cercado por muitas pessoas, especialmente *madames*, ou *sciure*, como se diz em dialeto piemontês. Aproximei-me com cautela e lhe mostrei a revista com um artigo meu sobre ele. Intrigado, pegou a revista e se afastou, pedindo para ser deixado em paz para ler meu artigo. Todos olharam para mim com desprezo — aliás, como sempre, eu não estava preparado para a ocasião e a chuva tinha piorado as coisas — e creio que também com um pouco de inveja. Passei um tempo conversando com Jaques Morelenbaum, o violoncelista de Caetano, um músico de renome internacional e de uma humildade desconcertante que me confessou, sem meias palavras, a saudade que sentia da família distante. No fim, Caetano me agradeceu com bastante carinho e empatia. Fui embora, ou melhor, fugi, emocionado, para não ver como ele seria engolido por aquelas pessoas.

A outra vez foi em Milão, depois de um show no Teatro Smeraldo. No fim, também acompanhado pelo assessor de imprensa, entramos no camarim, inevitavelmente lotado. Ele me reconhece e eu lhe mostro, ou melhor, lhe presenteio com o texto que, nesse meio tempo, havia escrito sobre o Brasil, no qual ele é mencionado várias vezes, inclusive no subtítulo da capa. Afetuoso e empático como sempre, Caetano me "trai" com a minha companheira da época, cuja língua materna era o português, mantendo uma conversa amável com ela. Talvez eu deveria ter sentido ciúme, mas, na verdade, me concentrei mais na personalidade de Caetano. Fiquei surpreso ao pensar que, naquele momento, Caetano me parecia tão distante, realmente parecia outra pessoa em relação a uma certa imagem conhecida, como a do vídeo em que faz dueto com Djavan na música "Sina", aquela do caetanear. Sexualidade, delimitações de gênero, personalidade, identidade fluida: realmente não temos parâmetros, a não ser que os criemos *ad hoc*, de tempos em tempos, para classificar um brasileiro "típico" como Caetano.

RIO, A ABENÇOADA

Poucas vezes me senti tão privilegiado como naqueles momentos em que o avião vindo de São Paulo literalmente roça os morros do Rio de Janeiro, entre o Pão de Açúcar e o Centro da cidade, para aterrissar no aeroporto Santos Dumont. "Mas por que", penso, "eu deveria me sentir desconfortável?". Talvez esteja escrito em algum lugar que, para fazer pesquisa etnográfica, é preciso mergulhar no feio e não no bonito? Talvez seja um preconceito pessoal, talvez uma postura típica do antropólogo, talvez o reflexo de muitas "bênçãos", nem todas benevolentes: "Sorte sua, fazer pesquisa no Rio", mas sempre me senti um pouco culpado. É verdade que expiei essa sorte com muitas "noites de macumba", mas respirar o ar do Rio, sentir o seu encanto e a agitação que ele provoca é uma sensação que beira a excitação física. Um provérbio espanhol me consola: "Viver bem é a melhor vingança contra a vida".

No entanto, desta vez o Cristo Redentor, no alto do Corcovado, não quis aparecer. Estava escondido pelas nuvens, talvez para evitar meu desconforto, ou talvez pela vergonha de dominar uma cidade e, portanto, um país, que sabem derramar lágrimas e demonstrar piedade humana em tantas ocasiões, e em tantas outras sabem se conformar em serem imaginados como impiedosos e violentos.

Dessa vez, não subi no Corcovado tampouco aproveitei o pôr do sol e a vista, que ficam ainda mais arrebatadores quando o mar no entorno do Pão de Açúcar ganha uma cor prateada escura. Não queria me deliciar com a beleza, não dessa vez, não mais uma vez.

Quis dedicar o tempo disponível para mergulhar na cidade por baixo — em todos os sentidos —, para redescobrir seu sabor, para compará-la mais uma vez com seu oposto, São Paulo, que é superdiferente — a comparação é a condenação do antropólogo —, voltar às emoções do passado, mesmo sabendo que elas não voltarão com a mesma intensidade.

O Rio é um corpo sinuoso de mulher, uma explosão de erotismo e de significados. Nas suas praias, músculos e silicone, suor e tatuagens, celulite e barrigas de chope, esporte — muito, muitíssimo esporte — e filosofia. Segundo os cariocas, existe uma verdadeira estética da praia, marcada por um corpo musculoso e bronzeado, possivelmente untado de óleo.

Na década de 1970, a tanga reinava nas praias cariocas, seguida pelo famoso — e celebrado — fio-dental, que, pensando bem, é uma espécie de "antimoda": não permite variações, não valoriza estampas e cores. Narciso e Dionísio se encontram na praia, que se transforma em um palco onde cada um encena sua própria performance, um verdadeiro espaço de socialização. Nas praias do Rio, apreende-se a conexão com a África, o projeto de identidade nacional, as novas correntes musicais, os novos esportes, ou melhor, as variações dos esportes tradicionais, especialmente o vôlei e o futebol, o espírito de festa. Culto e cultura, festas populares e movimento. Não, as praias não esgotam a descrição do Rio, mas certamente a completam, indispensáveis pelo simbolismo que contêm.

Isso sempre me atraiu no Rio, na Zona Sul — os bairros de Ipanema e Copacabana, para ser claro: "flanar" nunca será uma perda de tempo. O Rio é um livro aberto — é verdade que todas as cidades e povoados do mundo o são, e que todo pesquisador é cioso de seus próprios "lugares" —, mas o Rio, despudorado, meigo, sensível, violento, te desafia. Se São Paulo é horrível para a maioria das pessoas — sou orgulhosíssimo de ter podido conhecê-la bem e, portanto, de amá-la —, o Rio provoca ainda mais cisões. Há quem fuja da cidade; quem simplesmente sonha com um "cantinho, um violão, este amor e uma canção",[9] com uma janela que dê para o Cristo Redentor; quem sente saudade da gloriosa e fértil era da bossa nova, durante a qual a cidade, na verdade sua praia mais exclusiva, parecia o centro do mundo.

É possível experimentar esse sentimento nostálgico e imanente, um companheiro de viagem ligeiramente doloroso, se não se tiver vivido aquela época, pelo menos não aqui? Sempre me pergunto isso porque não basta ter lido e estudado a respeito, escutado as músicas daquele período: deve haver algo mais para me atrair tão impetuosamente, para me apaixonar com tanta obstinação toda vez que passo por Ipanema. Quem sabe, são as "afinidades eletivas", é a reencarnação (talvez em outra vida eu tenha sido o *Menino do Rio*),[10] o "desejo pelo sul", que no fundo é uma categoria do espírito, o espírito carioca, que por suas características é o oposto do meu caráter e talvez por isso mesmo me atraia tanto.

A chuva desses dias de janeiro de 2023 foi fundamental para me testar: não, não é o sol, o mar, *la bella vita* que me faz amar o Rio. Antes de qualquer coisa, é sua "densidade", para

---

9. Versos de "Corcovado", uma das canções mais célebres de Tom Jobim e Vinicius de Moraes, interpretada por João Gilberto e um dos símbolos da epopeia da bossa nova.
10. Título de uma música de Caetano Veloso dedicada a um jovem surfista, uma explosão de vitalidade que morreu precocemente.

usar um termo profundamente antropológico roubado de Clifford Geertz; a capacidade de me mandar mensagens que, tendo em vista o contexto e a história do Brasil, só podem ser contraditórias e enigmáticas, mas sempre profundas e férteis para sucessivas reflexões e repensamentos. Em outras palavras, o Rio, assim como todo o Brasil, mas talvez de forma ainda mais veemente o Rio, nos deixa alertas, atentos, prontos para experimentar uma gama de sensações difícil de provar em outro lugar: vários estímulos, a natureza contraditória das fenomenologias, a velocidade com que os estereótipos ora são confirmados, ora demolidos.

CIDADE-TEATRO
Um fato aparentemente não muito significativo, para o qual, antes, eu não tinha dado muita atenção, mas que dessa vez veio à tona para mim de forma constrangedora.

Um povo que, pelo menos em parte, está literalmente morrendo de fome, como pode se dar ao luxo da abundância que caracteriza qualquer prato em qualquer restaurante, até mesmo o mais modesto? Quase ninguém consegue terminar os pratos servidos nos botecos, e muita gente leva para casa o que sobrou naquelas sacolas de papel para transportar a comida do cachorro, talvez para dar aos parentes ou às empregadas, ou ao segurança da rua. O que, a meu ver, redime esse desperdício inexplicável. Mas aí pensei na força de um legado que remete ao "gigantismo", que de vez em quando reaparece, mas que, evidentemente, é um forte condicionamento cultural. "Gigante pela própria natureza", diz um verso do Hino Nacional; gigantes aqui no Rio são as tristezas, as belezas, as perguntas, "os encontros e desencontros", como disse o poeta Vinicius de Moraes.

Grandeza é beleza, significa redimir a penúria, o desconforto, o complexo de inferioridade de um povo que ainda sente a polarização senhor-escravizado. Ao lado daqueles que — uma minoria da população, mas ainda assim orgulhosa e poderosa — se preocupam profundamente em manter privilégios e distâncias sociais, há aqueles que evidentemente tiveram ancestrais escravizados; e há aqueles que preferem se reconhecer nessa genealogia a acreditar que são descendentes de senhorios arrogantes. Todos precisam provar alguma coisa, alguns para reafirmar o *status quo* e reiterar sua (suposta) superioridade. Outros estão em busca de redenção social. O prato cheio de arroz, feijão, farinha de mandioca e talvez um pedaço de carne se torna a enésima metáfora do país.

O Rio é uma cidade-teatro, o pano de fundo em que o país inteiro é representado e se vê no espelho, embora mantenha um caráter autônomo, peculiar e diferente. A começar pela natureza da cidade, pela aparência física. Os morros desenham seus flancos e seios, as praias brancas enviam lampejos de luz — uma imagem geográfica e também cultural; como disse o poeta e diplomata francês Paul Claudel, é "a única cidade que ainda não eliminou a natureza"; é "o Éden restaurado" —, mas esta é uma expressão do escritor brasileiro Monteiro Lobato.

O Rio de Janeiro também foi chamado de capital da paixão e da angústia, porque, é claro, paga-se um preço por tanta beleza.

Devo muitas das imagens sensoriais que metabolizei, a ponto de torná-las (também) minhas, aos meus amigos cariocas, a começar pelo jornalista e escritor Ruy Castro, que conheci um dia e a quem acredito ter demonstrado uma inesperada admiração e gratidão. Tomo emprestado dele uma dessas emoções compartilhadas: "Um Carnaval de montanhas, estufas, praias... Uma obra-prima da natureza, habitada por pessoas felizes, bronzeadas e alheias à moral: homens e mulheres que vivem cantando e dançando no sol, todos nus, fornicando alegremente nas florestas e praias, dormindo em redes ao luar... com uma abundância de frutas, pássaros e peixes fáceis de fisgar e pegar". Tudo bem, essas expressões remetem à época do "descobrimento" — Américo Vespúcio também estava naquela expedição que, em 1501, visitou a sua baía, tão sugestiva e funda que os portugueses pensaram que fosse o estuário de um rio — mas que, no imaginário coletivo, é capaz de transmitir banalizações perigosas, e também relatos nobres e verdadeiros: sim, esta é a cidade do Rio, o Rio ainda é assim. Basta pensar em como o cineasta Zalman King a retratou em algumas cenas tórridas e cheias de erotismo em *Orquídea selvagem*, um filme *cult* dos anos 1980, responsável pelos abalos juvenis de uma geração, naturalmente por causa de Carré Otis e Mickey Rourke, mas também em virtude daquela tensão inexplicável que domina a cidade. Carnaval, Afro-América, divindades ancestrais e sexo, *ça va sans dire*, os protagonistas do filme.

E por falar em filmes, *Orfeu negro*, de Marcel Camus, adaptado da peça *Orfeu da Conceição*, de Vinicius de Moraes, teve o mérito, ainda em 1959, de representar a favela carioca como um ambiente "completo", isto é, capaz de transmitir a imagem de uma humanidade dolente, mas também sentimental. Ao contrário, filmes mais recentes, como *Cidade de Deus* ou *Tropa de elite*, deixam a impressão da falta de solução do "caso favela", do desespero absoluto, da violência sem esperança.

Andei na favela — do Rio e de outros lugares. Conheci a favela também à noite, inclusive nas noites de macumba, mas nunca a estudei e muito menos escrevi a respeito. Seria necessário um estudo sério, que não contemplasse representações estereotipadas. Essa modesta constatação é absolutamente válida para qualquer tema, mas não há dúvida de que a favela, com todos os seus aspectos — degradação e redenção social, luta de classes e discriminação racial, violência e sensibilidade, ausência do Estado e iniciativa privada, segurança e polícia corrupta, violência e imagem da cidade —, realmente se presta a "conter" todos os temas ou quase todos.

O certo é que a favela é inerente ao Rio: você a vê do alto e da praia — Gênova só pode ser entendida do mar. Já o Rio pode ser apreciado também a partir do mar; isto é, se você está no mar pode ouvir ruídos ensurdecedores, como gritos, tambores e, às vezes, não raramente, o estalido de metralhadoras; vê os habitantes, na maioria muito jovens, descendo para uma vida diferente, com seus sacos cheios de latinhas, com seus trapos, os olhos cansados e incrédulos, os rostos transtornados pela inalação de cola. Na verdade, favelados e meninos de rua seriam duas categorias diferentes, pelo menos em termos de moradia: mas quero uni-las nessa dolorosa lembrança: sempre que passo em frente àquela modesta cruz em frente à Igreja da Candelária, um lugar estratégico pelo qual sempre passo porque fica perto de alguns pontos de referência do Rio de que gosto, não posso deixar de me lembrar daquele massacre de crianças,[11] um episódio sintomático para entender o cinismo e a dureza da vida nos trópicos e a injustiça da existência em geral.

As favelas têm nomes sugestivos — Babilônia, Vidigal, Rocinha, Cidade de Deus, Cantagalo —, uma força sedutora que conquista o turista, mas que não me envolveu: sempre evitei a "visita zoológica da favela" organizada pelas operadoras de turismo para ver "o efeito que provoca". Existe um conjunto de apropriações de imagens e de exclusão social, um refrão trágico sobre intervenções policiais, tráfico de drogas e violência. Existe, acima de tudo, uma estética da favela, como vimos no Museu de São Paulo; uma produção da favela — obras de arte, artesanato, instalações artísticas e tem ainda surfe e outros produtos de consumo; música, literatura, enfim, a "narração" de um lugar comparável a muitos outros — a degradação urbana espalha-se pelo resto do Brasil e no mundo —, mas que é único, porque nesta cidade até mesmo os desamparados podem conhecer privilégios. A favela em geral fica nos morros, no alto, domina a cidade e a praia: propicia

---

11. Na madrugada de 23 de julho de 1993, oito crianças e adolescentes entre 10 e 17 anos, que dormiam atrás da Igreja de Nossa Senhora da Candelária, no Centro do Rio, foram assassinados por alguns policiais.

um conforto parcial que talvez nem sequer seja realmente aproveitado. No entanto, não posso pensar que "a desesperançada vista para o mar" seja comparável à escuridão daqueles que vivem nas trevas e ao frio de um porão infestado de ratos. "O tormento estético do pobre é infinito", dizia Cèline, o que, com certeza, é verdade: mas gosto de imaginar que, mesmo que seja melancólico e fugaz, olhar para a vista mais linda do mundo possa curar algumas feridas.

Embora possa parecer estranho e bizarro, pensei em tudo isso enquanto observava o Rio do alto, mas do alto mesmo, ou melhor, do céu. Era um agosto em que, depois de esgotar minhas tarefas de pesquisa, decidi não me furtar a um desafio que há muito desejava. Na época, não tinha filhos e nenhuma relação estável. Lembro-me de ter pensado: "Se não for agora, quando será?". E assim despenquei, com a asa-delta, do morro ao lado da Pedra da Gávea até a Praia de São Conrado, ouvindo o assobio do vento, o silêncio que só o céu pode proporcionar, interrompido por uma ou outra ordem do instrutor, que estava tão preocupado quanto eu com qualquer "deslize". De vez em quando, assisto novamente às cenas — tenho a gravação e depois as vi reproduzidas, de forma grotesca, no famoso desenho animado *Rio* — e sempre tenho aquela sensação de paz e serenidade. Entendo o sonho de Leonardo e a emoção sentida por Ícaro; se tivessem conhecido o Rio, teriam ousado ainda mais e o fracasso teria sido ainda mais doloroso.

UM PARÊNTESES FEMININO
E assim, afastando-me da favela, deixando um pouco de lado o pessoal do candomblé, volto à minha cidade e aos meus bairros.

O Rio, orgulhoso de sua beleza estética, estimula uma narrativa totalmente feminina. Ou melhor, um relato que vê a mulher — hipersexualizada — como protagonista de um imaginário totalmente masculino, às vezes sexista. No Brasil, as mulheres constituem a maioria da população e dos eleitores, mas são menos representadas no Congresso do que os homens.

O imaginário coletivo também é contraditório neste caso: às vezes as vê como astutas, audazes e empreendedoras (a herança africana), em outros casos como prisioneiras do seu pudor, beirando o fanatismo, como gostaria a moral católica. Durante a escravidão, as mulheres negras eram babás, cozinheiras, cuidavam da casa e muitas vezes praticavam o concubinato como escolha estratégica. Um povo nunca sucumbe se suas mulheres resistem. Se for verdade que a religiosidade afro--brasileira contribuiu para criar ou, pelo menos, para orientar o equilíbrio entre os gêneros, é importante assinalar a complexidade da relação entre as pessoas e os orixás. No candomblé, um homem pode ser filho de uma divindade feminina e, vice-versa, uma mulher pode se identificar com um orixá masculino: se não estivermos acostumados a essa dinâmica, fica claro como podemos cair em mal-entendidos e interpretações errôneas.

No imaginário coletivo, o Brasil é um país erotizado, além de ser considerado exótico. Tudo isso em nome da imagem da mulher carnal, solar e disponível, veiculada, inclusive com autocomplacência, pelas figuras de Sônia Braga, Florinda Bolkan e todas aquelas musas que colonizaram a Praia de Ipanema ou as boates de Copacabana. Mas também em nome daquela sensualidade irreverente e ambígua transmitida pela mencionada canção "Menino do Rio", de Caetano Veloso — "Calção, corpo aberto no espaço/ Coração de eterno flerte, adoro ver-te/ Menino vadio, tensão flutuante do Rio..." — ou ainda pelos corpos esculpidos dos meninos cariocas, assíduos frequentadores das academias de ginástica.

Espero ser considerado uma pessoa de mentalidade aberta, mas nasci pouco depois da metade do século XX, em uma família de classe média originária do sul da Itália, e morei no interior nos primeiros 20 anos da minha vida. Digo isso para explicar que minha mentalidade foi moldada mais pela atmosfera machista e patriarcalista das décadas de 1970 e 1980 do que pela postura do pensamento politicamente correto dos dias atuais, com sua tão debatida "ideologia de gênero". O impacto com o Rio foi forte, por que eu deveria negar? Diferente de São Paulo, mas não menos difícil e não menos desorientador. Lidar com o mal-entendido, este foi o desafio que enfrentei em 1990: o que significavam aquelas mensagens intermitentes, o "sorriso de Gabriela", a moda de mostrar as nádegas de forma descarada, mas sem malícia, a desenvoltura natural de desnudar todas as partes do corpo, de te tratar como um objeto, nessa curiosa inversão da percepção: me senti agredido, "agradavelmente" assediado. Aprendi logo a "pensar diferente", a mergulhar em um contexto diferente, culturalmente orientado para derrubar os pontos de referência ocidentais, católicos, conservadores e reacionários.

Havia um lugar que parecia ter sido criado especificamente para transmitir imagens distorcidas e alimentar a simbologia do "desencontro". Chamava-se Help, ficava na Avenida Atlântica, em Copacabana, não muito longe do famoso hotel Copacabana Palace. Era uma boate frequentada por multidões de homens, jovens e não mais jovens, europeus e norte-americanos, expoentes da cultura ocidental que queriam experimentar a emoção de serem cobiçados, admirados, seduzidos pelas donzelas locais e de todas as partes do Brasil. Nem é preciso dizer que eram garotas de programa. A boate foi fechada pelo Tribunal de Justiça em 2009, ou melhor, foi literalmente demolida, e no mesmo local foi construído o Museu da Imagem e do Som. "Imagem", é claro, e também fragor de simbologias.

Relacionei logo o gosto estético e consciente de quem se sente beijado pelos deuses, ou melhor, pelos orixás, e um panorama humano particular: uma narrativa nascida de contos fantasiosos e ao mesmo tempo verossímeis atribui aos homens e mulheres do Rio o privilégio de contar com ancestrais nobres, escolhidos segundo um critério estético muito simples e direto, entre os mais belos escravizados.

Os robustos e os férteis iam para a Bahia para encher as plantações das grandes fazendas. Os mais atraentes vinham para a corte, na cidade mais importante do Brasil, a mais populosa a partir de meados do século XVII, capital do país a partir de 1763.

Além disso, de acordo com muitos estudiosos, a beleza dos homens e das mulheres cariocas de origem africana pode ser atribuída ao fato de que aqui se concentrasse grande parte da riqueza dos latifúndios: no Rio, havia uma espécie de "direito de primeira escolha". Alguns dos escravizados eram príncipes ou princesas africanos. Mas, com o passar do tempo e o fim do tráfico negreiro, em virtude da alta taxa de mortalidade entre os escravizados e da maciça imigração europeia, o Rio "embranqueceu"... Ou melhor, se miscigenou... O brasileiro, como se diz por aqui, é um negro de todas as cores. Das sociedades agrícolas da África, o brasileiro de hoje conservou uma certa "fisicalidade" (a reprodução entendida como valor positivo e econômico); de seus ancestrais indígenas, a cultura do corpo e da água, a limpeza.

O fato é que, em meados do século XIX, o Rio era a maior cidade negra do mundo, com 90 mil escravizados e libertos em uma população de 200 mil habitantes.

Aquele andar régio com que imagino as mulheres africanas, vejo-o novamente naquele jeito de andar da inocente e jovial garota branca, Heloísa Pinheiro, que encantou Vinicius e Tom sentados no Bar Veloso, que a viam passar todos os dias. Nasceu um hino à beleza universal, ao conforto que uma visão celestial proporciona: a apoteose do erotismo, sem agressividade ou machismo porque aquele andar é visto como "cheio de graça". Estou falando de "Garota de Ipanema" — mais do que uma música, é um símbolo do *glamour*, um modelo existencial e musical. Até hoje, naquele bairro, espremido entre a praia e a lagoa, ainda vejo passar rapazes fugazes e mocinhas travessas completamente descalças, sem camiseta, com o sutiã do biquíni, no máximo vestindo uma canga ou uma camisa branca masculina, aberta, muitas vezes segurando uma prancha de surfe. Às vezes me aconteceu de me deparar com uma garota indo para o mar, muito parecida com aquela pela qual se apaixonaram Tom e Vinicius. Uma imagem de outros tempos, daqueles fabulosos *sixties* que também aqui foram inesquecíveis — apesar da ditadura.

BOSSA NOVA STYLE

Ipanema é um bairro peculiar em termos de população, com os migrantes europeus que, no começo do século XX, misturaram-se aos nativos muitos deles pescadores — dando origem a mais um encontro de mestiçagem deste país. O alto nível cultural dos imigrantes que chegaram em meados da década de 1930 e essa tradição "libertária" estão na origem de uma espécie de vocação para a "resistência" que sempre a caracterizou. O primeiro fantasma a ser combatido foi o nazismo; depois, foi o regime militar brasileiro, o fascismo em casa.

Ao passar pela Praça General Osório, não posso deixar de me lembrar da epopeia (1969-1975) do jornal *O Pasquim*, que criou uma geração de humoristas de perfeito espírito carioca, corajosos, imaginativos e carismáticos. O que mais me impressiona nessas pessoas é a consciência de viver em uma terra beijada pelos deuses, o orgulho de conceber Ipanema como algo único e exclusivo. Nesse sentido, me parece que os habitantes de Ipanema tenham um caráter classista. Nessa praça, que todos os domingos fica lotada com uma feira de artesanato, outra instituição ipanemense teve sua epopeia: a Banda de Ipanema, um grupo carnavalesco exuberante que desfilou pela primeira vez em 1965 e foi protagonista de um movimento chamado Esquerda Festiva. Um pouco *underground*, um pouco mais uma invenção tropical, Ipanema foi mais outra síntese criativa de um Brasil que se lançava com tudo para o futuro. Não uma praia, mas um jeito de ser.

Entre os modismos, não podemos nos esquecer do Tropicalismo, movimento cultural musical de oposição nascido no Brasil entre 1967 e 1968, em plena ditadura militar, graças a Caetano Veloso, Gilberto Gil e outros artistas e atores inconformistas que misturavam tradição e vanguarda, questionando o obscurantismo autoritário e os tabus da época. Atravessando aquelas ruas, acho que o Tropicalismo teria sido uma âncora para minha inquietação, por sua exuberância, pela vitalidade, pela carga transgressora e pelo desejo de surpreender. E também porque soube ser muitas coisas ao mesmo tempo. O importante não foi o resultado obtido, mas a possibilidade de criar uma voz naquele momento, a capacidade de expressar uma criatividade inesperada. Era uma outra onda, uma "salada" inovadora.

Inspirado na poética de Oswald de Andrade e na sua "antropofagia", foi uma forma de canibalismo cultural, uma desconstrução transcultural, uma descentralização — Ipanema é ao mesmo tempo centro e periferia — de valores, uma viagem no passado e um salto no futuro. Resumindo, foi uma paródia do Brasil e uma representação textual do país. Quando caminho entre Copacabana e Ipanema, ou quando vou à Cinelândia, como é chamada uma área do Centro do Rio, me vem à mente que a cultura deste país não tem medo do paradoxo de se sentir profundamente espiritual, quase sagrada, e não tenha a capacidade de profanar e de profanar a si mesma. É uma estética única, peculiar, um rótulo tão adequado que parece impossível que o acaso tenha dado uma contribuição. Sim, porque curiosamente — embora eu não devesse mais me surpreender — foi uma obra de Hélio Oiticica que batizou o movimento, cujo nome foi extraído de uma canção de Caetano, cheia de fantasia, que cita a alegoria "cafona" de um senhor chamado Chacrinha. Um personagem grotesco da televisão, uma máscara *kitsch* de Carnaval que se encaixa muito bem nesse clima. As mesmas peculiaridades recorrentes que caracterizam outras manifestações da cultura popular brasileira, naturalmente o Carnaval e a novela. Que surpresa para o pesquisador imaturo descobrir essa verdadeira paixão popular, perdendo apenas para o futebol; aliás, melhor ainda, que surpresa descobrir que, ao lado das empregadas domésticas e das colegiais, até professores universitários, após a aula sobre Hegel; jornalistas, depois de entregarem o artigo sobre a guerra no Iraque; e políticos, após a votação no Congresso, correm para casa para não perder o início da novela. Até a Seleção adaptava o horário de início dos jogos calculando o final da novela das 8, que agora é transmitida às 21 horas.

A novela se encaixa nesse filão de práticas... canibais brasileiras: como diz o antropólogo Luciano Arcella, "assume os valores de uma modernidade desinibida da cinematografia holográfica norte-americana e os absorve na atmosfera tropical local do Rio". O Brasil inteiro entra em cena: o da favela e o dos condomínios fechados — guarita, piscina, sauna e academia de ginástica; o dos problemas sociais (bala perdida), o da imigração (a popularíssima *Terra nostra*), o da moral pública. Pelo que observei, a ideia de que a *novela* seja um programa para mulheres, especialmente donas de casa, corresponde a mais um julgamento sexista e etnocêntrico: nesse caso, as estatísticas me parecem falaciosas, pois é evidente que, em outros horários que não o da "novela nobre" das 9, a maioria do público é formada por pessoas que não trabalham fora de casa.

Tendo em vista ser um tema de cunho social como vários outros, a novela tem sido objeto de estudos científicos que incluem grupos de discussão transversais. Um dos aspectos mais significativos é que sempre houve uma relação muito próxima entre o público e os autores: tanto é assim que, com frequência, os finais são formulados com base nos desejos e nas expectativas do público.[12] O fenômeno é transversal, embora sejam feitas distinções em relação a classes sociais, categorias de negros e brancos, faixas etárias e até mesmo áreas geográficas. Sinal de mudança dos tempos: só recentemente os afrodescendentes receberam novos papéis, e não mais os de empregada doméstica ou trabalhador braçal. Minha impressão é de que, também nesse caso, as fronteiras ainda sejam vagas; pelo menos nos primeiros anos, cada estadia minha era pontuada pela presença

12. Vale a pena mencionar um programa de televisão, *Você decide*, que foi transmitido entre 1992 e 2000. O final de cada episódio era escolhido pelos espectadores mediante voto.

incômoda da novela. Sabe-se lá como, da novela extraio uma espécie de análise temporal: isso geralmente acontece comigo com jogos de futebol. Eis então *Rainha da sucata* (1990), *De corpo e alma* (1992), *Terra nostra* (1999), *O clone* (2001). Independentemente de qualquer julgamento etnocêntrico, que não posso me dar ao luxo de fazer, eu poderia pensar que essa "mania" esteja diminuindo devido a um aprimoramento do gosto nacional, mas temo que seja simplesmente em virtude da invasão dos canais a cabo, com a consequente abundância de opções de séries de TV.

Como estava dizendo, o Tropicalismo como metáfora: para a vanguarda da época, "incorporar" as guitarras elétricas não significou imitar os Beatles ou os Rolling Stones, mas sim expandir enormemente potencialidades não expressas. Os generais não captaram a mensagem de uma mestiçagem mais corajosa do que outras; não entenderam, pelo menos até certo ponto,[13] em que consistia a revolução estética que acompanhava o Tropicalismo. Sob esse ponto de vista, se por um lado a bossa nova, embora revolucionária e criada por jovens de esquerda, mas de classe média alta, transmitia mensagens no fundo minimalistas e conservadoras, o Tropicalismo era muito mais popular. Abrangia os interesses da massa e até a questão negra e indígena — tanto que, de certa forma, prepara o movimento *hippie*, que, pouco tempo depois, também desembarcaria no Brasil.

É por isso que o Tropicalismo me parece estar sempre presente, como uma espécie de selo ou característica persistente; uma justificativa, mesmo quando parece que estou me perdendo em meio a todas aquelas cores, aqueles sons, naquela felicidade sem motivo ou naquela tristeza que, como diz a famosa canção, não tem fim.[14]

---

13. A partir de 1969, vários intelectuais e artistas, entre eles Caetano Veloso e Gilberto Gil, foram presos e depois obrigados a se exilar.
14. "Tristeza não tem fim, felicidade sim" é o verso inicial da música "A felicidade", de Antonio Carlos Jobim e Luiz Bonfá.

O Cinema Novo — em primeiro lugar, *Terra em transe*, de Glauber Rocha — sempre esteve presente, sempre me acompanhou na minha trama existencial brasileira. Não porque me sinta obrigado a assistir a este filme repetidas vezes, ou a fazer um julgamento conformista, mas porque Glauber, baiano de nascimento, é de cultura ipanemense, e porque o seu "neorrealismo brasileiro", suas cenas coletivas no estilo de Buñuel, constituíram outro ataque camuflado à ditadura militar. Ao mesmo tempo, a valorização do elemento grotesco e da leveza e a mistura do obsceno e do angelical possibilitam detectar outra analogia com o Tropicalismo, com os outros símbolos do país e com o próprio Brasil. De fato, o Cinema Novo foi um projeto de pesquisa que fazia um uso experimental de imagens, da música e das canções regionais. Relato, dança, poesia, músicas folclóricas do Brasil, outra vez uma grande e fecunda mistura canibalística, outra viagem antropológica.

Subindo a escadaria colorida Selarón, cenário de filmagens publicitárias e videoclipes, ou atravessando o imenso Aterro do Flamengo, o Rio me parece um tapa na cara do corriqueiro e do banal, uma imersão no inconformismo, uma cidade-cultura que usa os fluxos da globalização de forma utilitária, porque sabe narrar e se narrar de um jeito só seu. É como se fosse autossuficiente, como se, do ponto de vista cultural, soubesse se transformar em uma comunidade fechada.

Ao contrário do que acontece com São Paulo, ninguém gostaria de sair daqui, apesar dos "pesares": a violência, a poluição, que, por exemplo, impede que se possa tomar banho na magnífica Lagoa, e o trânsito tumultuado.

Os cariocas imaginam sua cidade como uma ilha, um oásis, um lugar repleto de sensualidade, irreverência, relax, bom humor, hedonismo, agitação. No entanto, ela certamente não se percebe como fechada e refratária, impenetrável e ciumenta; pelo contrário, precisa de um palco, precisa de forasteiros. Sejam bem-vindos os estrangeiros e todos aqueles que chegam e sabem se transformar em cariocas. Porque, como diz a antropóloga Mirian Goldenberg, no Rio vive-se "no espaço privilegiado para a 'cultura do narcisismo'". E os narcisistas, como sabemos, também gostam de se exibir.

O destino de ser carioca é sublimado pela cantora Adriana Calcanhotto: "Cariocas são bonitos/Cariocas são bacanas/Cariocas são sacanas/Cariocas são diretos/Cariocas nascem loucos/Cariocas não gostam de sinal fechado".

E, claro, nas palavras do seu poeta mais significativo, Vinicius de Moraes: "Ser carioca é não gostar de levantar cedo, mesmo tendo obrigatoriamente de fazê-lo; é amar a noite acima de todas as coisas, porque a noite induz ao bate-papo ágil e descontínuo, é trabalhar com um ar de ócio... ter como único programa não ter nenhum... é dar mais importância ao amor que ao dinheiro".

Esse Rio, ou melhor, essa Ipanema, é capaz de despertar sensações inéditas. Como já disse, para mim saudade também significa melancolia e arrependimento por não ter podido viver aquele momento, em uma época em que Ipanema, para muitos, era "o lugar mais próximo da felicidade". Vou tentar racionalizar: sinto que aquela epopeia, que vai da bossa nova ao Tropicalismo, enfim, os anos 1960 de Ipanema; aquela epopeia me pertence, embora seja alguma coisa que nunca vivi — eu não estava lá naqueles anos, ou se estava, era criança, e além disso, longe, muito longe.

Sei bem que é uma fantasia, mas sinto algo real, talvez um *déjà-vu*: é como se o tempo tivesse parado, cristalizado. Imagino aquelas calçadas pisadas por Tom, por Vinicius. Nunca um bairro se caracterizou tanto por uma época e um grupo de pessoas tão coeso, nunca foi habitado por tantos fantasmas.

Hoje, ano da graça de 2023, muitas coisas mudaram, como os preços. A gentileza e os sorrisos se apagaram um pouco. Em 1990, já fazia algum tempo que a epopeia da bossa nova tinha terminado, é claro, mas 25 anos são diferentes de 60, o tempo que se passou desde a ocasião. Já naquela primeira viagem, mesmo sabendo pouco sobre Ipanema na época, fui tomado por aquela inquietação.

Tenho a sensação de ter quase vivido aquela época. Leituras, caminhadas — já disse que para mim caminhar é tudo, menos perda de tempo — e conversas com moradores locais alimentaram essa sensação de *déjà-vu*. Mas o que, principalmente, chama a minha atenção é que, desde o início, as letras das músicas da bossa nova me pareceram adequadas para retratar a atmosfera daquela época. Naqueles anos, fui concebido, nasci e vi o mundo pela primeira vez. Tão longe e ao mesmo tempo tão perto, a epopeia da bossa nova me acompanha nesse percurso nostálgico. Aqueles que se reuniam nos elegantes apartamentos de Copacabana eram jovens cultos, membros da classe média carioca, filhos e netos de dissidentes políticos e anarquistas europeus. O baiano João Gilberto estava um pouco fora do ambiente; era humilde e tímido, mas muito revolucionário: sua interpretação de "Chega de saudade" — música de Antonio Carlos Jobim, letra de Vinicius de Morais — foi uma bomba que explodiu de repente. Os outros dois, Tom e Vinicius, eram realmente cariocas da gema, uma expressão idiomática extraordinariamente reveladora. O realismo mágico brasileiro nos diz que aquele "minuto e 59 segundos" mudou, naquele maio de 1958, a história da música, a percepção de Ipanema, o papel do Brasil no mundo.

Sempre passo em frente ao bar onde nasceu a lenda da garota, em frente ao apartamento em que morou Tom, dos lugares onde esses vanguardistas tocavam, bebiam, filosofavam. João sussurrava as palavras escritas pelo poeta e diplomata Vinicius, que mais tarde se autodenominou "o branco mais preto do Brasil", enquanto Tom, com suas frases, sua presença e, claro, seus acordes de piano, encantava a todos, homens e mulheres.

Na grande pedra do Arpoador, localizada simbolicamente, além de geograficamente, entre Ipanema e Copacabana, passo os minutos que antecedem o pôr do sol: sei exatamente onde o sol se põe, dependendo da estação do ano, atrás do contorno do Morro Dois Irmãos ou mergulhando direto no mar. Sempre estou em boa companhia, entre os raros turistas e várias figuras de destaque do Rio. Observo os moradores do bairro e me dá inveja daqueles apartamentos tropicais, um quarto, uma pequena cozinha, um banheiro, uma sala com uma janela bem grande com vista para o mar e uma varandinha onde, imagino, mora aquele casal com filhos superloiros — na verdade, tenho inveja do cabelo, não do apartamento —, enquanto me detenho naquele grupo de três morenas filhas de santo que, por um momento, apenas um momento, esquecem suas divindades e, enquanto esperam o espetáculo da natureza, tiram fotos umas das outras entre as pedras. Eu as reconheci pelos colares de Iansã, Iemanjá e Oxum e imagino que reconheço sua índole por ter estudado a fundo a mitologia dos orixás.

Os surfistas, cujas silhuetas desaparecem nos mantos brancos das ondas à medida que a luz vai embora, parecem animais noturnos, mas foram o surfe e a coragem de certos atletas que caracterizaram aquele canto da praia. Um espaço em que predominava a mistura de ricos e humildes, de negros e brancos; em que estava no ar o ritual da informalidade. E da convivência.

A Praia de Ipanema se tornou uma espécie de laboratório para a corpoidolatria carioca, uma devoção ao corpo seminu, à cultura do corpo — é feio e velho quem não quer cuidar do próprio —, à identidade brasileira, que também passa por essa glorificação da carne. Glorificação, não exposição de "mercadoria", porque há decoro em todo comportamento. Um significado ligado à rebeldia — a atriz Leila Diniz foi a primeira mulher a expor a gravidez —, à musculatura como sinal de força de vontade e perseverança. As praias em questão estão repletas de aparelhos de ginástica (e não há poucas décadas), de anticonformismo — chega de puritanismo católico! — e deste ser conscientemente carioca. A estética entre Salvador, o Rio e São Paulo também passa pela cor da pele. Em São Paulo, o corpo é branco e a modernidade do fermento cultural, globalizado e eurocêntrico, leva a lembranças de noitadas e *punks*. Em Salvador, "onde a África vive no exílio", a negritude é celebrada, apesar das mudanças e das dinâmicas de transformação de uma cidade não mais colonial e escravagista. Chama-se morenidade a habilidade, a expressão da saúde e da vontade de "antropopoese".[15] Se há muitas maneiras de realizar a miscigenação de forma metafórica, visual e perceptiva, a de expor o corpo aos caprichos do sol, do vento, da luz e dos reflexos do mar é certamente uma das mais explícitas. A praia como uma vitrine do Rio, com peças de roupa e de tecido — os míticos fios-dentais, tanto para mulheres quanto para homens — que indicam diminuições em vez de acréscimos; com grupos que adotam identidades fluidas, mas não por isso irreconhecíveis: a comunidade LGBTQIA+, os alternativos, os que malham nas academias, os esportistas — jogadores de vôlei e de futebol de um lado, surfistas do outro —, os intelectuais. Mais uma vez, o Brasil em metáfora: há fronteiras, não limites; negociações e superações; não há barreiras entre as partes, físicas ou ideológicas.

A epopeia da bossa nova celebrava uma mulher sofisticada e ao mesmo tempo simples, amante do sol, da praia, do mar, protagonista de uma espécie de "saga oceânica".

Dito dessa forma, não parece muito diferente do que estava acontecendo no resto do mundo naqueles anos 1960 pré-revolucionários juvenis. No entanto, à sua maneira, no Brasil, isso já era um fermento revolucionário: contra a ditadura, que pregava tudo, exceto a felicidade dos indivíduos, contra a jaula dos estereótipos que condenava o Rio ao folclore do samba e da favela. "Há mais do que isso, e esse mais é o Rio":

15. O conjunto de processos pelos quais o indivíduo se define como sujeito social, adaptando-se progressivamente ao ambiente cultural de referência. O termo deriva do substantivo grego *anthropos* e do verbo, também grego, *poièin* (fazer, criar). Foi proposto pelo antropólogo italiano Francesco Remotti e se refere aos processos culturais de "construção" dos seres humanos por meio da introdução de modelos culturais específicos, adquiridos por meio da educação e da interação social.

parece que estou escutando o eco desse grito, que é apenas fruto da minha imaginação.

No samba, existem a festa, o ritmo, o calor da Afroamérica; nas obras da bossa nova, existem calma, uma paz dolente, reflexão, sensualidade, mas tudo é sussurrado, está tudo ali para ser descoberto aos poucos. Quase um oásis de reflexão, três pontos de suspensão diante desse Brasil frenético que te arrebata. Talvez seja isso que me atrai tanto em Ipanema: é aquele lugar de refúgio que me possibilita fugir de um Brasil que me envolveu demais; do ritmo dos atabaques e do tremor dos orixás, das luzes de São Paulo e do cheiro forte da Bahia; das coisas imundas e feias do próprio Rio.

AMIGOS... E OUTROS
Revejo no meu amigo Carlos Alberto Afonso o sorriso e a afabilidade de Vinicius de Moraes, "ipanemense" por excelência. Todos os anos eu o visitava na sua loja-museu, a Toca de Vinicius, e então transcorria uma meia hora de piadas, recordações, lembranças daqueles tempos felizes. Carlos é um sociólogo, acima de tudo um "cariocólogo", um especialista em fatos, anedotas, personagens da bossa nova e muito mais. Com tantos discos, livros, fotografias e *memorabilia*, aquela loja é um tesouro por onde passaram todos os grandes cantores, seja para se entreter e conversar com as pessoas, seja para se apresentar. Lá mesmo, na calçada, na mesma rua do Bar Veloso, hoje Garota de Ipanema, nas cadeiras de plástico cedidas pelos bares vizinhos, numa explosão de frenesi nostálgico que só no Rio é possível viver com aquela intensidade e com um público tão participativo. Hoje, até a Toca está fechada — mudam os tempos, os gostos, as lógicas comerciais e quem ainda compra os discos de vinil? —, embora Carlos Alberto, superativo nas redes sociais, continue seu trabalho de divulgação cultural. "Ninguém é carioca em vão", dizia Vinicius. Traduzir em palavras a atmosfera desta cidade parece uma tarefa impossível. É mais fácil compondo músicas e recitando versos, mas você

também pode tentar passeando pelas ruas do bairro, observando, "sincronizando" emoções e olhares, tentando racionalizá-los. Mesmo em Ipanema, apesar de sua sofisticação, a cultura se faz na rua, palco que se opõe à casa, refúgio dos fatos privados. As "virtudes públicas" que o carioca explicita na rua, nos botecos e, como já dissemos, na praia.

Afinal, é a Vinicius que devemos aquela frase "A vida é a arte do encontro", que se tornou um lema, um *slogan*, um aforismo e, sobretudo, uma verdadeira e sincera filosofia de vida nesta cidade.

Ipanema e a sua bossa nova inovaram músicas e comportamentos, misturaram samba e jazz, elegância e espontaneidade, saudade e alegria. Proporcionaram a convivência, lado a lado, de generais da ditadura e de dissidentes; de musas, principalmente Duda Cavalcanti, descrita pelo jornalista Carlinhos Oliveira como "uma catedral da sensualidade", e de Rose di Primo, que apareceu na praia de tanga em 1971 (foi a primeira), de surfistas, e de cantores, como Cazuza — um mito para a juventude brasileira, doente de aids e rebelde até ao tratamento —, e também de atores de novela e jogadores de futebol.

Senso de humor e *savoir-vivre*, espiritualidade e inteligência, excentricidade e curiosidade: Ipanema exporta sua felicidade para outras partes da cidade muito diferentes, como se o caráter de ilha feliz pudesse se espalhar como o fogo. Em outros bairros do Rio, falta a praia, mas não a generosidade e o gosto que as pessoas têm pela vida.

Uma amizade mais recente me liga a outro personagem representativo desse modo de ser e de sentir. Dessa vez, estamos em pleno Centro da cidade, naquela Rua do Ouvidor que marcou a história do Rio imperial, uma ruela comprida que corta largas e famosas artérias e é incrivelmente movimentada, inclusive de carros. A Folha Seca, livraria especializada em história do Rio, em cultos afro-americanos e em futebol como fator socioantropológico, é meu pequeno paraíso. Desde o início, Rodrigo me recebeu com aquela mente aberta, aquela postura, aquele carinho que só encontro em homens do sul da Itália (já mencionei que minha família é do sul e que talvez isso tenha algo a ver com meu entusiasmo por este país?), me chamando de Brunão, abrasileirando o meu nome, abraçando-me em nome de uma solidariedade e uma afinidade de propósitos, leituras e fortes paixões. Recomendei uma visita à Toca e à Folha — um verdadeiro tesouro de preciosidades — para vários amigos que passaram pela cidade. Todos me agradeceram por essas descobertas, dando a entender que, sem esses encontros, o Brasil e o Rio deles teriam sido diferentes.

No labirinto do Centro, finjo me perder, porque gosto de consultar o mapa impresso ou digital em casos realmente extremos, confiando em minhas memórias e sensações, que às vezes são falaciosas. Passo por restaurantes históricos e pela bizarra opção de um café, a Confeitaria Colombo, que remete à Europa Central e ao Império, oferece doces belgas e portugueses e tem espelhos barrocos. "Que desperdício!", penso. Sento-me para tomar um café e saborear um doce, para mais uma vez vivenciar o incômodo de uma experiência inevitável, para buscar um sentido para tudo isso, observando de outra perspectiva a humanidade ferida que se vê no pequeno beco chamado Gonçalves Dias. Mais uma vez constato o desequilíbrio, a dissonância entre aquele magnífico pastel de nata português e o pedinte lá fora.

Daqui, é estratégico tomar o metrô no Largo da Carioca, a qualquer hora do dia em que o Rio se parece mais com Lagos do que com Paris.

Dessa vez, como o Rio está tomado pelo mau tempo e pelas nuvens baixas, em vez de ver a cidade de cima, tento fazer um passeio de metrô. Aqui no Rio, ninguém usa máscara, mas em São Paulo, em janeiro de 2023, o uso ainda é obrigatório no transporte público. Talvez seja um detalhe insignificante, mas a minha mente, estimulada por tantas experiências de comparação, não pode deixar de refletir sobre a diferença do rigor entre Rio e São Paulo. Novamente me deparo com um pequeno drama pessoal, com o que me parece ser uma obsessão brasileira por pagamentos eletrônicos: é quase impossível conseguir uma passagem de metrô em dinheiro.

Se, por um lado, existe bilheteria em São Paulo, mas o passageiro só fica com um simples recibo no qual há um código de barras impresso, um papelzinho muito fácil de perder ou desmagnetizar nos bolsos; por outro, no Rio o passageiro recebe uma espécie de cartão de crédito, engolido pela máquina na catraca. Não sei e não posso me aventurar nas artimanhas do custo-benefício dessas estratégias, só acho que esse salto para o futuro, dado o contexto, me surpreende um pouco. O eterno problema do troco, dos "trocados", demanda muito das minhas energias. É um exercício diário de paciência.

Também é um problema se e quando acontece de dar esmolas: você só fica com moedas no bolso, o que é quase ofensivo oferecer por causa do valor ínfimo, ou com cédulas de grande valor que dificilmente poderá usar.

Outro inimigo: o ar-condicionado que recebe você no vagão, que é simplesmente congelante, especialmente quando se chega de uma longa caminhada e está suando. Mas talvez sejam apenas os preconceitos de um observador inoportuno, que também se surpreende com a humilde empregada doméstica com fones de ouvido de última geração conectados ao *smartphone*.

Outro espanto, dessa vez mais agradável, pelo menos para mim: no Rio, assim como em São Paulo, várias paradas do metrô correspondem a nomes de clubes de futebol: Flamengo, Botafogo, Corinthians-Itaquera, Palmeiras-Barra Funda. Inclusive, em São Paulo, são pontos de referência para indicar paradas próximas a estádios ou a sedes dos respectivos clubes. O que leva a pensar em uma parada hipotética, chamada Sampdoria, ou Juventus, ou Milan, ou Lazio. Abro um sorriso. Talvez, quem sabe, alguém me observe e me ache "estranho".

Uma última observação sobre o metrô. Em 1990, quando eu embarcava em Campo Limpo, no ônibus superlotado para a universidade, podia ver a mudança gradual das pessoas que entravam. Mas o que realmente me surpreendeu foi a total ausência de mau cheiro; ao contrário do que eu imaginava, estava sentindo um buquê de aromas realmente incrível. Lembro-me da impressão que tive, a primeira vez, dos cabelos crespos recém-lavados, ou melhor, ainda úmidos, das morenas que embarcavam nas várias paradas cada vez menos... populares.

A pobreza no Brasil — tirando o parêntese da Cracolândia, que mencionei — realmente não fede. O fator discriminatório, a linha divisória entre as pessoas, que também observo nesse itinerário carioca que me leva ao Centro da cidade, é se você trabalha ou não, e não se você se lava ou não. Pode-se arriscar um palpite de que seja a herança indígena que cria essa predisposição à limpeza e ao uso da água; os brasileiros gostam de tomar banho várias vezes por dia e, como sou aprendiz, fiquei muito surpreso que qualquer forma de hospitalidade incluísse a pergunta "Quer tomar banho?", antes mesmo de "Quer um café?"

Deixo o metrô absorto nesses pensamentos. Melhor, muito melhor caminhar. Voltei para a Rua do Ouvidor e estou ziguezagueando entre as mesinhas no meio da rua — naquele pequeno oásis interditado aos carros, entre cervejinhas, bolinhos de bacalhau e sambistas. Caminho em direção ao mar, para a Praça Mauá, que tem vista para a Baía de Guanabara, assim como a Praça do Comércio de Lisboa tem vista para o Rio Tejo. Mas o espetáculo é interrompido pela visão pós-moderna do Museu do Amanhã, uma nave espacial que desafia a gravidade, tão fascinante por fora a ponto de desencorajar a visita, principalmente por causa das longas filas. Gosto de imaginar que Santiago Calatrava quis responder ao "mestre" Oscar Niemeyer, que do outro lado da baía, em Niterói, embelezou o litoral com outra construção que parece ter vindo diretamente do espaço, o MAC — Museu de Arte Contemporânea.

Da Praça Mauá, sob a chuva torrencial de verão que lava as pedras e, gosto de fantasiar, os males do Rio, volto a outro lugar simbólico da cidade. Estou no coração daquela "Pequena África" que fez a história do candomblé e do samba, cuja presença não é etérea, mas imanente, palpável, visível: nos rostos, nos olhares atentos e enérgicos, nos cheiros, nas paredes rachadas e descoradas, até nas ruas íngremes que contam uma história de sofrimento. É a Pedra do Sal, o centro da vida portuária de outrora: paisagens que mudam, entre a noite e a manhã, uma festa superlotada e um ensaio de Carnaval. Já de manhã cedo, em uma de minhas andanças solitárias (ainda não mencionei a minha insônia, que me assola, mas que possibilita experiências únicas), vêm o silêncio, a lembrança, os grafites nos muros. Entre eles, estampado em um muro rachado, o lindo rosto de Marielle Franco, a ativista assassinada em 2018, vítima sacrificada de um mundo cruel, que sequer consegue compreender a beleza que contém.

 Marielle, deputada na Assembleia do Estado do Rio, tornou-se símbolo da batalha pelos direitos das mulheres, militante em apoio às crianças mais pobres, criada na histórica Favela da Maré, ativista pelos direitos dos mais fracos e da comunidade LGBTQIA+. Em 2018, faleceu devido ao entrelaçamento da criminalidade e do poder político: estava exposta demais para agradar à ideologia que dominava na época.

 Isso também me impressiona no Rio: o potencial, que seria infinito, de exportar prazer, alegria, beleza, *savoir-vivre*, e a incapacidade de agir do povo: como se a impetuosidade fosse o DNA; a estagnação, uma anomalia; o conformismo, uma característica urbana inevitável. Mas a minha desilusão de 2023 nunca excluirá a esperança de uma conscientização, de uma mudança de rumo, de uma retomada da época feliz. Como se aquela "onda que se ergueu no mar" — os versos de "Wave", para mim a mais significativa de todas as canções da bossa nova — pudesse novamente varrer o feio em uma maré de beleza purificadora.

RETOMADA
Retomo minha jornada para outro lugar. Há natureza no Rio, tropical e avassaladora, decadente e corruptora, deslumbrante ou obscura. A Lagoa, que orienta caminhos e até mesmo escolhas residenciais, forma horizontes de morros e arranha-céus, tempera as luzes do pôr do sol, acompanha o viajante em direção à floresta. Contorná-la de carro e, melhor ainda, a pé, produz imagens de um fluxo de filme agitado, tão borrado e colorido quanto uma Polaroid. E depois a floresta, que esconde plantas nativas, a começar pelo pau-brasil, a árvore nativa que deu nome ao país, vestígio do que atraiu o conquistador. O Parque Lage é um grande jardim que contém uma mansão em estilo romano cercada por plantas, pórticos cenográficos e uma piscina dentro do pátio. É lembrado por conexões improváveis com eventos atuais: foi o cenário de vídeos de Pharrell Williams, Snoop Dogg e Black Eyed Peas.

O vizinho Jardim Botânico é outro lugar que evoca a presença de Tom Jobim. Gosto de lembrar como várias vezes ao longo dos anos escrevi passagens de meus textos aqui; algumas são consistentes com a paisagem circundante: páginas de "retrato do Rio", por exemplo, relatando quase mecanicamente o que vi; outras evidentemente descontextualizadas, como os trechos de uma cerimônia de candomblé. Mas, no Brasil, as conexões são encontradas de maneira fácil e mágica: no fundo, toda aquela vegetação só podia me levar a uma conexão com a África dos orixás.

Olho para cima e vejo o Corcovado: uma presença que faz lembrar aquele Cristo de 38 metros, aquela estátua gigantesca, inaugurada "apenas" em 1931, mas tão icônica que parece eterna. Quem sabe como era o Rio antes, sem essa bênção imanente. Quem sabe como seria o Rio sem a intervenção do homem, que deixou sua marca ao modificar uma natureza que teria sido bem diferente? As próprias imagens de cartão-postal do Rio se devem ao homem: por exemplo, a Floresta da Tijuca, devastada pelas plantações de café e replantada entre 1861 e 1872, até que ela se tornasse a maior floresta urbana do mundo, o Jardim Botânico e o Parque do Flamengo, obra do paisagista Burle Marx.

Nesse itinerário não estruturado, que sobrepõe imagens sedimentadas na memória e outras inéditas, gosto de me deter em outra que se sobrepõe às demais. Pouco antes do túnel que liga o Centro da cidade à Zona Sul e, portanto, às Praias de Copacabana e Ipanema, um grande *shopping center* chama a atenção. E, no entanto, esse "monstro abençoado" — sempre olhando para os dois lados da moeda, entre a sensação de perda e o entusiasmo consumista — vive literalmente "acima" de uma lembrança. Aqui, um edifício baixo, tipicamente tropical, em um período muito breve e feliz entre o fim da década de 1960 e 1972, viu uma comunidade "iluminada" viver e prosperar. Uma comunidade de pessoas bonitas, educadas, independentes, românticas, corajosas, sonhadoras, criativas: em que outra cidade esses jovens poderiam ter vivido de forma tão frugal, heroica e romântica, senão no Rio? A história do que se tornou o Solar da Fossa[16] é emblemática: um prédio de dois andares que, no século XVII, foi uma sede de fazenda, depois um hospital, uma casa de repouso, e, finalmente, em 1965, dividido em pequenos apartamentos. Por ali, passou a história da música popular, do teatro, do cinema, da televisão, do *design* e, até mesmo, da política e do comportamento. Foi, em síntese, uma incubadora de talentos, um catalisador de impulsos. Enquanto o Tropicalismo estava explodindo, era um território de liberdade, de certa forma insolente, aberto e acessível a todos, mas especialmente aos intelectuais, criativos e férteis. Até mesmo para viver no Solar era preciso usar um "uniforme" — uma camisa bege ou cáqui, típica da

---

16. O termo "fossa" se deve ao cenógrafo Fernando Pamplona, grande protagonista do Carnaval carioca. Em 1966, quando se separou da mulher, Pamplona foi morar nesse prédio, cujo nome virou sinônimo de depressão e tristeza, com um sentido irônico e existencial.

Marinha, comprada no mercado da Praça Mauá, mocassins ou sandálias franciscanas sem meias — e manter, acima de tudo, uma atitude despreocupada e não formal, fosse quem fosse. Como não sentir saudade de um lugar como este?

E por falar em lugares, em vontade, em *timing*: em outra vida, gostaria de frequentar aquele outro oásis de passado decrépito que é o prédio da Universidade Federal do Estado do Rio de Janeiro (Unirio), localizado na Urca, logo abaixo do Pão de Açúcar. Foi lá que conheci, em 2018, na minha penúltima viagem, mais um daqueles intelectuais completos, agradáveis, afáveis e fascinantes, não importa o assunto que discutam. Zeca Ligiéro, um intelectual completo, historiador, escritor, artista visual, ativista político, coordenador do Núcleo de Estudos das Performances Afro-ameríndias (Nepaa), antropólogo da performance e das artes, recebeu-me em seu escritório romântico e digno, sem se importar com a restauração completa de que precisaria, pelo contrário, orgulhoso daquela "tropicalidade" que te afasta no início, mas depois refresca, tranquiliza, deslumbra. Ele e eu sentíamos falta da época da "glamourização" do movimento afro, aquela força sedutora do candomblé, do samba e da capoeira, que começou no período de Carmen Miranda, no fim dos anos 1930, passou por Walt Disney nos anos 1940 com o personagem Zé Carioca e, depois, teve sua longa profusão nos anos 1960 com nomes como Caetano Veloso, Gilberto Gil e Maria Bethânia, com sua música e suas reivindicações. Ele e eu aproveitamos aquele momento para comer em um restaurante que, em outros tempos, foi um estabelecimento militar, embaixo do teleférico que leva ao Pão de Açúcar, driblando a fila de turistas, em frente à Praia Vermelha, outro cantinho "sem grande importância", um pedaço do paraíso na terra ao alcance da mão. Alcançável como se nada fosse, em uma pausa comum para o almoço.

Flashback. Quais são as primeiras lembranças que tenho do Rio? As calçadas com pisos formados por imagens inconfundíveis, a companhia de professores, antropólogos, historiadores, geógrafos, filósofos que me acompanharam — gostaria de me sentir à altura desse privilégio imerecido, gostaria de ter captado até a última gota destilada de conhecimento. Entre as primeiras lembranças, também estão o encantador bairro *naif* de Santa Teresa, com seus ateliês e o bondinho que sobe para lá, imagem turística, mas nem por isso desinteressante, e uma noite, quando tentei captar o primeiro sabor, o primeiro sentido dessa cidade. Poderia ter escolhido entre muitas opções, pecaminosas ou não, mas o destino me levou a um show de Laura de Vison, nascida Norberto Chucri David, uma artista muito popular na época, e considerada uma musa do *underground* urbano. Norberto já era uma estrela do Carnaval, quando no início da década de 1980 decidiu abandonar o teatro tradicional para se dedicar a uma performance transgressora, na qual aparecia provocantemente vestido de mulher. Em suma, foi meu primeiro show de travestis. Porém, mais do que isso, era um momento em que o Tropicalismo, o Carnaval, o *kitsch*, a sexualidade, a homossexualidade, enfim, um Brasil antigo e ao mesmo tempo transgressor, se misturavam de forma contundente.

Esses amores difíceis ou perdidos, esse sofrimento, que teria seduzido até mesmo Jean-Paul Gaultier, mas, acima de tudo, esse tom misto, essa capacidade de combinar o baixo e o alto — a personagem em questão era professora de história —, de misturar o sagrado e o profano, de fazer as pessoas rirem e chorarem ao mesmo tempo, são outras das facetas esplêndidas do Rio e do Brasil como um todo. Em outras palavras, a *drag queen* Laura de Vison, com suas performances bizarras, imediatamente me fez mergulhar nas vertentes de uma cultura que eu não conhecia. Ajudou-me a entender certas coisas que, de outra forma, levaria anos para entender. O sentido da novela, por exemplo: falar sobre assuntos sérios, na forma de caricatura, fazendo as pessoas rirem e pensarem. O papel do Tropicalismo: um movimento que recebeu o nome de uma instalação incoerente e absurda feita de areia, televisores, plantas tropicais e sons, que serviu para transmitir uma mensagem simples, ou seja, que você pode ser brasileiro e estar em sintonia com os tempos, que você pode combinar guitarras elétricas e tambores africanos, engraçadinhos e dissidentes. O valor do *kitsch*: uma justaposição sincrética e barroca, da qual os ocidentais não gostam nem um pouco, porque cheira demais a povo.

Ao final dessa viagem carioca, me vejo com as pernas balançando sobre um abismo na praia. Acabo de voltar de uma noite estranha e estou ali, em um lugar do qual não quero me lembrar, olhando para um infinito que, embora seja apenas mar, me faz evocar Leopardi. Entorpecimento e comunhão com a natureza. O Rio, com toda a sua beleza, com sua estética caricatural e seu cheiro de espuma do mar, me dá uma sensação de transitoriedade da vida como nenhum outro lugar do mundo. Tem muito a ver com o meu passado, mesmo aquele que eu apenas imaginei, e pouco, agora, com o meu futuro. Talvez esteja ficando velho para as emoções que o Rio proporciona.

BAHIA, A MAGIA E O SONHO

Não é por acaso que temos uma queda por Jorge Amado. O trovador da Bahia nos surpreendeu, encantou e seduziu, conduzindo-nos pela mão para conhecer um Brasil poético e ensolarado, nos fez acalentar o sonho de um país pacífico e equilibrado, deu vida a personagens que gostaríamos de ter como amantes, parentes e amigos. Falo em meu nome, mas também em nome dos milhares de "mendigos da beleza" — a expressão é de Eduardo Galeano — conquistados por Jorge Amado e pelo relato da sua cidade.

Lembro-me de quando cheguei à Bahia, naquele mesmo ano de 1990, naquela viagem eletrizante, formadora e decisiva para a minha vida, muito além do que eu havia previsto.

Para mim, Salvador era pura inspiração, encantamento, oferecia experiências materiais e espirituais tranquilizadoras, música e perfume estonteantes. Queria mergulhar naquele mundo literário, na poética das mães de santo, que já conhecera em São Paulo e que aqui me pareciam ainda mais sábias, solenes, idosas. Queria tocar, ou pelo menos entrar em contato próximo, com o vigor e a sensibilidade dos orixás, a devoção comovente dos filhos de santo. Fiquei agradavelmente imerso no mundo mágico de Caetano Veloso e Gilberto Gil, que cantavam as histórias tristes da escravidão, as proezas dos deuses, os abusos sofridos pelos negros. Os amigos de Jorge Amado, presentes nas páginas dos romances e no guia que eu tinha da cidade, companheiro imprescindível de viagem,[17] tinham as características dos grandes personagens, o orgulho da Bahia: Dorival Caymmi com suas canções, Carybé com seus desenhos, Pierre Verger com suas fotos em preto e branco de poderosos negros pobres.

O PRIMEIRO ENCONTRO COM OS DEUSES

Naquele primeiro verão, conheci muitos pais e mães de santo. Ao longo dos anos, conheci outros em Recife, Belém, Rio de Janeiro, São Paulo, Salvador e até Buenos Aires. Na Bahia, até mesmo os não iniciados têm alguma familiaridade com o mundo "mágico" do candomblé; todos têm sensibilidade para descobrir quem é fanfarrão — com certeza, também existem lá — e quem usa conscientemente o próprio conhecimento vasto e profundo, muitas vezes a própria cultura humanística. Em outras palavras, associar o líder de um terreiro à figura de um mago, como a conhecemos na Itália, não faz nenhum sentido.

Certamente, os sacerdotes que conheci eram todos muito combativos e aguerridos, embora trinta anos depois tenha encontrado uma agressividade bem diferente nos pastores evangélicos. Com raras exceções, os sacerdotes não podem se dar ao luxo de subvencionar seu próprio candomblé e, portanto, são forçados a recorrer ao financiamento dos fiéis. No entanto, não se trata de exploração, mas de um pacto entre um prestador de serviços e um cliente. O trabalho realizado pelo

---

17. *Bahia de Todos os Santos: guia de ruas e mistérios de Salvador* foi publicado em 1945 e, posteriormente, teve outras edições revisadas. Foi publicado na Itália, em 1992, pela Editora Garzanti.

sacerdote para o bem dos fiéis é real e visível, e os resultados são sempre ou quase sempre satisfatórios. Como se sabe, a magia se baseia nas chamadas leis da simpatia. É coerente que, se os problemas dos fiéis forem resolvidos, as ações realizadas para obter aquele resultado sejam reconstituídas.

Já naquele verão de 1990, comecei a refletir sobre um fato que me parecia incontestável. Desmentia todas as estatísticas que tinha à disposição e que eram as mais confiáveis sobre o clima social, político e religioso do país. As religiões afro já pareciam estar em minoria naquela época, apesar do entusiasmo e da visibilidade... "cultural". Folhetos, cartões de visita, anúncios nos jornais paulistanos promoviam as atividades de pais e mães de santo; políticos, jogadores de futebol, estrelas das novelas declaravam-se filhos ou, seja como for, simpatizantes. Os próprios sacerdotes, quando confrontados com questões de interesse comum — eleições políticas, estratégias de planejamento urbano, debates éticos — eram entrevistados em várias pesquisas por serem modelos reveladores de uma determinada forma de pensar.

Ser um sacerdote respeitado, com um certo número de seguidores — geralmente o grupo tem cerca de cem integrantes, mas há muitas exceções —, significa ter conseguido fama, credibilidade e poder.

A postura dos filhos é de máximo respeito, devoção e, não raro, de extrema dependência. Conheci pais de santo muito atentos às necessidades — e aos sofrimentos — de seus seguidores, e mães de santo que agiam como verdadeiras mães para crianças em busca de certezas, de um porto seguro.

Assim, o chefe de cada centro mantém a estrutura por meio das oferendas dos vários fiéis: em dinheiro, em serviços, em... animais que depois serão usados para os sacrifícios em homenagem aos orixás.

Desde o início me pareceu difícil traduzir a serenidade, o respeito mútuo, a funcionalidade, falando em termos antropológicos, desse sistema.

Mas como entrar nesse mundo, que desde o começo achei atraente, sem me lançar de corpo e alma em uma aventura que eu sabia que seria comprometedora? Bem, como todo mundo faz, me aproximando das duas instituições fundamentais da vida de um terreiro, com a devida cautela. O jogo de búzios, ou adivinhação, e a participação — cada vez mais assídua, cada vez mais atenta — em rituais públicos e, às vezes, quando me era permitido, até certo ponto, particulares. É durante esses rituais — as festas públicas, os ebós, ou oferendas por "cabeça", os sacrifícios de animais — que ocorre o encontro mais emocionante e, para alguns, aterrorizante com a divindade. Ela aparece viva, ativa, entusiasta e combativa, apoderando-se de seu cavalo, ou seja, do seu fiel transformado em mero invólucro e fantoche da sua vontade. É o momento do transe.

Devo confessar que, desde aquele primeiro ano na Bahia, senti em alto e bom som aquela sensação, aquele chamado, aquelas indagações. Resisti, quis resistir, ciente de que dali em diante meu mundo de sensações e percepções mudaria para sempre. Resisto ao transe, mas sinto a presença latente do orixá. Daqui, da Europa, é muito difícil manter essa conexão. Sei, ou creio que sei, a escolha que teria feito se fosse brasileiro ou pelo menos se morasse lá.

Você será um ogã — me disseram — portanto, não poderia entrar em transe, mas sempre tive a sensação de que os pais de santo tivessem me mentido e que disseram isso para me acalmar e, se fosse o caso, para me convencer a dar um passo adiante.

A ÁFRICA NO EXÍLIO

O que resta daquelas ideias, daqueles poemas, daquelas páginas que eu tinha lido e relido antes de voar para lá, para a cidade encantada, "onde a África vive no exílio", a Roma Negra, a cidade onde a magia permeia tudo como um bálsamo? Voltei muitas vezes a Salvador, e quase sempre senti e até toquei aquele feitiço, aquela sensação de desorientação. Aquele cheiro que é o bálsamo africano misturado com a maresia, aquele ar marinho tão tropical; aquele tempero, aquele condimento forte que não realça só os pratos da gastronomia local, mas também abastece os mercados — o Modelo e o das Sete Portas — coloridos, animados, agitados —, as praças, as ruas e a pele das morenas; aquele batuque de tambores que explode de repente e não se sabe de onde vem, ou melhor, sim, você anda em direção ao Pelourinho e com certeza não se engana, aquele rosto que parece já ter visto; então pensa o dia inteiro e finalmente consegue descobrir: é aquele personagem de Jorge Amado como você o tinha imaginado. Como quando vivemos uma história de amor linda e avassaladora e até nos esquecemos dos defeitos de quem está ao nosso lado. Gostei do cheiro de alho, que na verdade detesto, porque também é assim que Vadinho fisga Dona Flor.

A degradação, a violência e o sofrimento suportados pelos homens e pelas mulheres da Bahia tornam-se elementos universais literários e existenciais; a poeira, o suor e a prepotência tornam-se mais um pretexto para a emoção do que uma queixa social. Não é que Jorge Amado não escrevesse para se rebelar contra a pobreza dos humildes, não é que o seu engajamento social e político incessante não o tenha tornado um elemento perturbador para o *establishment* brasileiro, mas o impacto com as páginas de seus romances transmitia — e ainda transmite — uma mensagem de felicidade. Felizes Dona Flor, Gabriela, Tereza Batista, Santa Bárbara transfigurada, mas também Vadinho, o farmacêutico Teodoro, Pedro Archanjo e todos aqueles personagens que vi com meus próprios olhos, encarnados, pelas ruas da cidade baixa e do Pelourinho, no Mercado Modelo e na Igreja do Bonfim.

Porque é isso que Salvador tem me proporcionado em todos esses anos de Bahia: visitas aos terreiros de candomblé, entrevistas com as pessoas do culto, mas também, ou principalmente, a constante emoção de viver em uma dimensão que é realmente outra, em um quadro *naif*, em um filme de cores vistosas, naquele "Trem das cores" que Caetano celebra desfiando emoções tropicais: o mel dos olhos, as casas verdes e cor-de-rosa, o azul-celeste "que é pura memória de algum lugar", os lábios cor de açaí. A beleza do Rio e a frieza de São Paulo são de dimensões gigantescas, mas no fundo são reconhecíveis e remetem a algo conhecido e até experimentado: o feitiço da Bahia é único, peculiar, verdadeiramente afro--brasileiro na sua essência mais pura.

Jorge Amado deveria ter me feito amar menos esse Brasil; é uma reflexão que tem amadurecido em mim a cada ano, acompanhada de um certo pesar. Mas descobri algo que outras pessoas também sentem: a acusação feita ao escritor é de que ele "baianizou" o Brasil. Em outras palavras, construiu um imaginário que, especialmente durante o *boom* da literatura sul-americana, nas décadas entre 1970 e 1990, levou as pessoas a acreditarem que o Brasil fosse isso: *relax*, chinelos — os onipresentes chinelos de dedo —, camisas floridas; discussões filosóficas no Largo do Pelourinho; pores do sol de tons rosados com o amor da sua vida ao lado; homens e mulheres se paparicando, chamando-se de neguinha, negão, meu escravo, meu rei.

Jorge Amado me fez prisioneiro. Do seu próprio nome, do mito que encarna: amá-lo é suspeitar de que fui vítima do exotismo, da caricatura, da sensualidade que seus personagens emanam; não o amar provoca suspeitas de elitismo, de arrogância. Mais uma vez, ele é a chave para entender, para o bem e para o mal, essa cidade abençoada: desvario, descontração — abaianar-se tornou-se uma expressão popular, significa "entrar no ritmo suave da cidade e de seus habitantes" —, povo, sexo e comida, vida de praia, mistérios do candomblé, prazeres da miscigenação, denúncia social, altruísmo, sorrisos; tudo passa pelos seus livros, tratados socioantropológicos mais do que romances, porque Jorge Amado escreveu e falou de tudo e levou as pessoas a se apaixonarem por tudo.

Volto então por um momento aos meus candomblés, visitados ao longo desses anos com uma espécie de deferência ritual e a consciência de que, na minha pesquisa, cada passo deve partir daqui. Passados mais de trinta anos, quando volto ao Axé Opô Afonjá para uma cerimônia ritual na qual encontro Fiorella Mannoia, que é de casa entre as pessoas do santo, me pergunto: quais são as imagens que aparecem sempre e se repetem, as constantes que, se fosse compelido, eu deveria contar sobre os terreiros da Bahia?

Lembro-me do caráter hierático dos líderes religiosos, das longas esperas, dos sorrisos e da gentileza dos filhos de santo que cumprimentam todo visitante com grande respeito, deferência e até admiração: "Você vem mesmo da Itália e estuda o candomblé?". Mas talvez isso seja muito banal e inequívoco. Melhor falar sobre o aroma: forte e penetrante.

Ou comentar sobre algo novo que se passou comigo. Em companhia de uma pessoa que conheci recentemente, percebi uma certa tensão, uma rigidez que não tinha notado anteriormente. Talvez um incômodo em virtude da presença do forasteiro que, embora ciente dos limites, ainda tenta entrar em um mundo de segredos. Coletar informações, decifrar simbologias e fotografar pode causar mal-estar nos filhos de santo particularmente sensíveis.

Voltando a Amado, não há nada a ser feito, até os candomblés me falam dele. Aquele que viveu essa realidade diretamente — era obá de Xangô, alto dignitário do terreiro Axé Opô Afonjá —, que fez mais pelo culto do que ninguém, que o tornou conhecido e admirado mundo afora.

"Nenhum escritor conseguiu se tornar o espelho e o retrato de um povo inteiro tanto quanto ele", disse José Saramago sobre Jorge Amado; esse povo, na Bahia, vive e respira o candomblé.

Rememoro uma ocasião distante, em 2003. Encontrava-me na Bahia por ocasião da inauguração da Casa de Jorge Amado, que falecera havia apenas dois anos: aquela em que ele morava com a esposa Zélia e os filhos, no bairro do Rio Vermelho; não a outra, que a maioria da população e dos turistas conhece como Fundação Casa de Jorge Amado e que se refere à magnífica instituição cultural, majestosa em seu prédio azul, no Largo do Pelourinho.

Eu já havia batido à porta daquela casa em 1990, sem hora marcada e com a desfaçatez que reconheci na época: tinha falado com ele na Feira do Livro de Turim. Naquela ocasião, disse-me para procurá-lo em Salvador.

Então lá fui eu. Uma empregada doméstica muito gentil me falou que o escritor estava em Paris, mas que certamente ficaria contente em receber um amigo italiano. Esse episódio me faz pensar que eram outros tempos, ou que eram os "feitiços da Bahia", porque não consigo imaginar uma relação tão fácil e informal com um grande nome da literatura mundial.

Bem, para falar a verdade, abro um pequeno parêntese: conheci Umberto Eco em uma conferência, começamos a falar sobre candomblé, um tema que ele conhecia e sobre o qual tinha escrito, mas talvez essa conversa não conte muito: era muito caseira, estávamos em Alessandria. O fato é que Jorge Amado adorava bater papo com todo mundo; não podia mesmo prescindir desse contato com as pessoas humildes da sua cidade e tampouco com quem era de fora: era o seu reservatório inesgotável de histórias.

Bem, voltando àquela visita à casa dele, lembro-me do seu formato espartano, prático e ao mesmo tempo convidativo: era circundada por vegetação, tinha uma pequena piscina no quintal, espaços abertos, decorações, estátuas, objetos que evocavam a história da Bahia e a essência do candomblé. Lembro-me, principalmente, dos extraordinários figurantes. Aí estavam exatamente eles, os personagens das histórias, sensuais, maliciosos, hieráticos, pensativos ou desinibidos. Uma repórter da Rede Globo me abordou e perguntou se eu já havia lido um livro de Jorge Amado. Surpreso com a pergunta, respondi de forma a deixá-la admirada: "Todos, todos mesmo". Aquele episódio me divertiu — infelizmente, não encontrei nenhum vestígio dessa breve entrevista no arquivo da Globo —, mas me fez refletir sobre um detalhe: é evidente que Jorge Amado seja patrimônio local, independentemente do nível de conhecimento dos leitores e do número deles; ele é uma marca, é alguém do povo, é um deles. Acessível, confiável, vendável, exportável. Um protótipo, um modelo, um monumento à baianidade.

Sempre imaginei que Jorge Amado não "pegasse" os personagens da cidade para inseri-los em seus romances; mas que, inspirado pela realidade diante de seus olhos, criasse esses personagens na sua cabeça, os delineasse e os colocasse em seus textos, críveis e verossímeis. E aí, o milagre se cumpria: esses personagens de papel se encarnam, saem das páginas e andam à solta pelas ruas da cidade, exatamente como a imagem de Santa Bárbara, que no romance *O sumiço da santa*, assim que toca a costa da Bahia, se transforma no orixá Iansã e provoca um grande alvoroço na população. Eu sei, é a imaginação que me guia; a emoção que sinto sempre que piso, toco, cheiro essas ruas, quando ouço o som dos atabaques, que talvez sejam o eco do candomblé, talvez uma apresentação teatral, talvez um ensaio do fantástico Olodum ou uma mera estratégia para chamar a atenção dos turistas, não importa, eles sempre me lembram que aqui é a África, a África no exílio, pode ser, mas sempre África. O Brasil, este Brasil que conheci, não existiria sem os africanos. Mas principalmente seriam inconcebíveis a Bahia e sua atmosfera, que são atordoantes. Não sei racionalizar, não sei nem como dizer isso sem parecer induzido pelos meus orixás, mas todas as vezes que pisei o solo da Bahia sempre passei, pelo menos, um dia em total estado de atordoamento. Isso também aconteceu em janeiro de 2023. Há quem diga que deve ser o azeite de dendê que tempera os pratos tradicionais baianos, fortíssimo, mas ao qual estou habituado e que, nesse caso, provocaria outros efeitos; há quem diga que seja o cansaço ao qual, inevitavelmente, sempre me submeto; e há aqueles que opinam serem as mudanças de temperatura, pois geralmente chego em Salvador vindo de São Paulo, onde o clima é mais frio. Gosto de imaginar, na verdade tenho certeza, que seja aquele bálsamo, aquele chamado, aquela presença que se apodera de mim e quer me sugerir algo. Um dia, vou descobrir.

A LEMBRANÇA DO CARNAVAL

Não sei se foi a experiência mais coerente, mas certamente a mais abrangente da minha pesquisa de campo. Não foi conduzida em um terreiro, mas, mesmo assim, estava entrelaçada com a história da afro-brasilidade; supercansativa e não tanto divertida, mas participativa, vivida, esclarecedora. Aqueles dias do Carnaval de 2012 em Salvador me possibiltaram uma imersão total na negritude, uma "observação participativa" de padrões de comportamento, posturas e narrativas que só desfilando eu teria podido descobrir.

Minha relação com o Carnaval é um tanto problemática: na minha infância, sempre detestei, talvez por sentir a incongruência dessa festa no Hemisfério Norte. Ver as crianças desfilando no clima frio de fevereiro com fantasias lindas, escondidas debaixo de casacos pesados, sempre me deu uma tristeza infinita. É um defeito meu. Nunca gostei da obrigação de me divertir em festas coordenadas e organizadas.

No Brasil, o fenômeno do Carnaval é muito mais complexo, um "acontecimento social completo" dos mais significativos, um monumento ao sincretismo, derivado das danças e dos ritmos africanos e dos costumes europeus, e que se configura como um fenômeno típico de recriação cultural.

No Rio, é espetáculo, uma forma de entender a vida comunitária, uma inversão social — o patrão que vira empregado, o maltrapilho que vira rei[18] — para reafirmar, por meio da relação entre caos e ordem, o *status quo*. São frases apressadas para descrever um mundo denso e cheio de símbolos, mas ao

---

18. Veja a letra da canção "A felicidade": "[...] pra fazer a fantasia de rei ou de pirata ou jardineira/E tudo se acabar na quarta-feira".

qual não me dediquei em profundidade — assim como não me dediquei à fenomenologia da favela. O fenômeno me interessa na medida em que está ligado à história da comunidade afrodescendente. E desfilar com o afoxé Filhos de Gandhi foi uma experiência "negra" mais do que qualquer outra. Os afoxés são as procissões religiosas afro, que saíram da esfera religiosa e animam os dias de todos os Carnavais desde 1895. O afoxé é, portanto, um grupo místico, religioso e ideológico, que inicialmente era formado por filhos de santo. O mais famoso é o Filhos de Gandhi, fundado em 1949, em homenagem ao líder indiano que acabara de ser assassinado, originalmente composto só por trabalhadores negros do Porto de Salvador. O grupo fez uma oferenda a Oxalá para pedir a paz no mundo e todos desfilaram envoltos em lençóis e toalhas brancas usadas como turbantes, emprestadas pelas prostitutas da região do Pelourinho. Hoje, milhares de participantes — apenas homens — desfilam em itinerários estabelecidos, que incluem tanto a orla, o litoral, quanto o centro, subindo para a Cidade Velha. A entrega da túnica branca, a costura da coroa no turbante feito com uma toalha limpa, a atribuição dos colares azul e branco — as cores de Oxalá — e a compra de um frasco de perfume em *spray*[19] são comparáveis a um verdadeiro ritual religioso.

No Carnaval da Bahia, dança-se atrás dos trios elétricos, típicos caminhões enormes, em cujas carrocerias as bandas tocam músicas ensurdecedoras. O desfile atrás dos trios é desenfreado, excêntrico, às vezes obsceno. Todos juntos, grudados, como uma massa coesa que junta gente do povo comum, uns filhos de santos, outros fãs dos mais famosos cantores de axé-music. Atrás do trio elétrico, com a camiseta (abadá) que dá identidade àquele grupo, todos dançam, aliás, pulam,

---

19. O *lança-perfume*, uma essência de perfume que provocava euforia, foi usada no Carnaval brasileiro desde o início do século XX até 1961 para animar a festa.

loucamente durante todo o percurso. "Atrás do trio elétrico só não vai quem já morreu", diz o verso de Caetano.

Ao contrário de outros grupos, o Filhos de Gandhi respeita um modelo mais tradicional: o volume é um pouco mais baixo, inclusive porque se deve escutar o agogô, o instrumento composto geralmente por duas campânulas de metal percutidas por uma vareta, símbolo do samba e do candomblé, que conduz os cânticos na língua iorubá. Também naquele fevereiro apareceu a figura icônica de Gilberto Gil, vestido como nós, como eu. Foram dias extremamente longos. Tenho lembranças nítidas do esforço físico, dos quilômetros percorridos, do calor que tivemos de suportar, do estilo e do decoro que tivemos de manter, dos olhares de admiração e, às vezes, de desejo. No pescoço, dezenas de fios de contas brancas e azuis alternadas. Das calçadas, os aplausos da população, como se estivesse passando um exército libertador.

Os colares são oferecidos e trocados como símbolo de paz, no âmbito de uma simbologia do dar, receber e retribuir bem conhecida dos antropólogos. Assim como esta, outra característica parece evocar uma manifestação de caráter cultural: as mulheres podem apenas assistir ao desfile, confeccionar as roupas, levar comida e bebida para os participantes. Mas talvez isso seja uma inversão de papéis em relação à presença preponderante e à importância das mulheres na história de Salvador e de suas façanhas culturais: em 1941, a antropóloga Ruth Landes chamou a Bahia de *The City of Women*.

Naqueles dias convulsivos, entre pessoas se divertindo, demonstrando sua devoção, participando de um ritual coletivo inexplicável em outros lugares, pensei sobre a desorientação do antropólogo, sobre o que realmente significa estudar "outras" culturas. O que me levava a repetir gestos, improvisar cânticos, vestir-me dessa maneira extravagante — um amigo meu viu minhas fotos nas redes sociais e me chamou de "tão corajoso a ponto de parecer que eu tivesse saído do armário" —; em suma, o que me levava a me tornar "nativo", "primitivo" e "fetichista"? Será que não tinha mais nada que me levasse a fazer tudo isso, além da curiosidade intelectual? Não havia talvez um pouco de inveja, de desejo, de vontade de pertencer, pelo menos ocasionalmente, a um grupo, de aderir a uma identidade, de finalmente adotar a cultura que mais amei? Embora eu não tenha a resposta certa, talvez possa ter oferecido algumas pistas nas entrelinhas destas páginas.

OS ORIXÁS NA PRAÇA

Volto a subir, mais uma vez, para o complexo de praças da Cidade Alta chamado Pelourinho. Subo graças ao Elevador Lacerda, um elevador enorme que já se tornou monumento da Bahia. Nesse universo, do Terreiro de Jesus à Faculdade de Medicina, da Igreja de São Francisco à escola de culinária do Senac, onde os alunos preparam especialidades baianas, da Igreja Nossa Senhora dos Pretos à sede da Associação Filhos de Gandhi, não há um cantinho que não tenha sido tocado, pisado, narrado pelo próprio Jorge Amado ou por seus personagens. Em outras palavras, tudo fala dele, uma presença mística, imanente, lúdica: os topônimos — Casa de Jorge Amado, Largo da Tieta, Largo Quincas Berro d'Água, Largo Tereza Batista —, os nomes, como o Hotel Pelourinho, onde o romancista escreveu *Suor*, ou a Igreja de Nossa Senhora dos Pretos, de onde, na cena final de *Dona Flor*, a mulher sai com... seus dois maridos. Não consigo imaginar uma cidade, um bairro que seja tão caracterizado por um único literato: com certeza, existem a Lisboa de Pessoa e a Paris de Maigret, a Nova York de Mailer, de Wolfe, de Easton Ellis. Mas quem pode dizer que esses tenham influenciado tanto assim?

Um mundo miscigenado de paz, harmonia, doçura: este é o Brasil *best-seller*, fácil de viver e de amar, todo festa, sorrisos e convivência harmoniosa, segundo a definição da antropóloga Ilana Seltzer Goldstein, de quem tomo emprestado.

A sensualidade da cidade é evidente — "é preciso apalpá-la, cheirá-la, saboreá-la como se faz com uma mulher", diz

Jorge Amado. Em outro contexto, me dou conta de que essa frase poderia parecer sexista, mas vestido todo de branco, naquelas ocasiões em que desfilei com o grupo, pude entender seu significado. Aliás, ainda não contei que as garotas se orgulham de beijar os Filhos de Gandhi na boca. Ainda hoje, a Bahia só poderia mesmo continuar a me seduzir. Não mais porque seja sensual, e sim, porque é o lugar da mestiçagem que estudo e o filtro pelo qual aprendi a conhecer o Brasil e a interpretar a vida — na minha opinião, a chave de leitura do mundo de ontem e de hoje. Naqueles olhares, naqueles olhos de cores desconhecidas; naqueles cabelos rastafári, naquela pele escura suada que brilha de tão escura; naquele loiro inesperado que, em virtude da colonização do norte da Europa, tempera o negro que fascina e assusta, sempre enxerguei a concretização da miscigenação. Daquela miscigenação que, hoje, muitos na Europa dizem ser uma constante universal, mas que, na verdade, foi uma descoberta vergonhosamente tardia. Lembro-me de que, quando ouvi as pessoas elogiarem, até mesmo exaltarem, a ética mestiça, o pensamento mestiço, a índole e a postura miscigenadas da Bahia, tudo isso tinha um sabor de extravagância tropical. Como abracei de pronto e com entusiasmo essa visão e esse projeto, me sentia em nítida minoria. Além do mais, me parecia que o meu encantamento pela Bahia, pelo Brasil e por essas dinâmicas transculturais fosse confundido com as excentricidades de um pesquisador ingênuo e recebido como algo inofensivo, que descrevia mundos distantes da Itália. Eu mesmo estava distante — provavelmente ainda estou, mas certamente com uma consciência diferente — de ter elaborado até mesmo uma mínima "teoria da miscigenação". Só vislumbrava o potencial da mensagem "Eles são miscigenados, mas nós também somos".

    Jorge Amado tem uma grande responsabilidade nisso tudo, em ter criado uma Bahia… "glocal" (global e local), porque cada um de seus personagens e cada evento narrado, embora imersos em uma realidade local, humilde, peculiar, irrepetível, é, no fundo, um arquétipo universal, capaz de transmitir valores identificáveis em qualquer lugar. *Jubiabá*, publicado em 1935, fala da perseguição ao candomblé no início do século XX e das violências perpetradas contra os mais fracos; *Capitães de areia* (1937) retrata as aventuras dos precursores dos meninos de rua pelas vias da Cidade Baixa, protótipos dos milhões de desventurados da nossa época; *Suor* (1934) narra a vida humilde dos operários, dos estivadores do porto, das prostitutas na luta contra a indiferença. Como podemos não nos reconhecer?

Penso nisso tudo da janela da Casa de Jorge Amado — a instituição cultural — incrustada na ladeira do Largo do Pelourinho, enquanto admiro e fotografo, pela enésima vez, as vistas mais belas da cidade e que, para mim, estão entre as mais belas do mundo. Todos os livros do autor estão expostos aqui, todas as edições em todos os idiomas, os mais variados do mundo, ao lado de uma riquíssima coleção de ensaios, artigos, filmes e peças teatrais baseadas em suas obras.

Não abandonei, nem mesmo dessa vez, 33 anos depois, minha reflexão sobre os três romances centrais de Jorge Amado que usei para ver a Bahia e o mundo com seu olhar. Nessa praça onde não se pode colocar uma cadeira, porque despencaria ladeira abaixo, nessas pedras ainda manchadas do sangue dos escravizados — o pelourinho é o mastro usado para a tortura, mastro em que se amarra a vítima para aplicar o castigo —, o Vadinho de *Dona Flor* cai, morto, na primeira página do famoso romance. Por falar em definições imaginativas, seria possível encontrar uma melhor do que esta, atribuída ao artista Carybé: "Praça oblíqua cansada, cansada de tanto ver"? A Santa Bárbara/Iansã de *O sumiço da santa* (1988) escandaliza e faz o povo se apaixonar, desencadeando até no Pelourinho, como diz um dos subtítulos do livro, "a execração pública de fanáticos e puritanos" e provocando a guerra de santos, orixás, padres católicos e sacerdotes afro-brasileiros. É também aqui que Pedro Archanjo, de *Tenda dos Milagres* (1969), dá suas lições de vida. Ele é um personagem central para entender Jorge Amado, a cidade e o próprio Brasil, o arquétipo do intelectual que conheci. "Um mulato", como define a si próprio, que tem "um pouco de negro e um pouco de branco", "nascido no candomblé e criado com os orixás".

O heterônomo de Jorge Amado é um "materialista que acredita em milagres", capaz de captar os aspectos do candomblé que o tornam uma chave de leitura para a compreensão da Bahia, além de ser sua expressão mais vivaz e significativa.

Modestamente, aliás, muito modestamente, segui Pedro Archanjo e Jorge Amado, deixando-me levar pela paixão, pelo candomblé, mas ao mesmo tempo preferindo manter uma saída. O fato de *Tenda dos Milagres* abordar explicitamente antropólogos e outros estudiosos da miscigenação torna o romance um guia ideal para todas minhas incursões pela Bahia. Sinto-me em boa companhia, enobrecido por essa proximidade, autorizado a mergulhar numa imersão total que, basicamente, me entusiasma e que, de outra forma, por causa do sentimento de culpa que mencionei — uma experiência antropológica pode ser tão agradável? —, teria vergonha de chamar de "pesquisa de campo". Entre esses personagens, há "um eminente historiador de São Paulo, o Dr. Sérgio Buarque de Holanda", e ainda "Franz Boas, Nina Rodrigues, Nietzsche e Lombroso".

Jorge Amado celebra a miscigenação como um projeto de nova humanidade, como prova de antirracismo. A mestiçagem na sua obra parece ser uma união construtiva e finita, não uma justaposição genérica de origens e ingredientes que, como o óleo e a água, não são capazes de se fundir quimicamente, de se juntar, de dialogar.

Realmente, não consigo entender, penso observando os turistas holandeses ao meu lado, como alguém pode gostar da Bahia sem conhecer Jorge Amado, e vice-versa, o que um leitor de seus romances pode encontrar de tão empolgante sem ter estado aqui. Mas talvez seja uma sutileza, um capricho pretensioso e classista: tampouco eu nunca estive (ah, se tivesse sido possível) em Macondo ou em Yoknapatawpha, mas adoro García Márquez e Faulkner.

E, no entanto, essa alegria, esse alvoroço, essa algazarra e esse som embalam demais para não envolver, o mistério realmente gruda na pele como uma pomada. Como não acreditar, aqui, nos orixás? A Bahia também me fisgava com seus muros rachados, com seus maltrapilhos e prostitutas que, em outros tempos, antes da reforma de 1992, moravam no Pelourinho e o notabilizavam. Eu não conseguia explicar esse gosto, que em outros lugares não teria me conquistado. Será que o povo, com sua força e sua beleza interior, talvez triunfe sobre tudo, até mesmo cânones estéticos estabelecidos? Ou talvez tenha sido o desejo de voltar com algo para contar? Que decepção se a minha pesquisa fosse reduzida a anotações etnográficas sem entusiasmo, sem envolvimento... Será o encanto, ou melhor, a intervenção de entidades que agem de forma tão dominadora sobre o visitante a ponto de conquistá-lo e subjugá-lo completamente?

Não posso dizer se a Bahia, agora que melhorou, foi restaurada, parcialmente gentrificada, "voltou" quase completamente ao seu antigo esplendor colonial, me agrada mais. Não quero nem posso entrar nas entrelinhas da polêmica da gentrificação: é outro tópico em que não me aprofundei. A cidade agora está mais segura, ao contrário de São Paulo — é a minha percepção. O vício e a degradação são empurrados para debaixo do tapete e não exibidos com orgulho, como era antes. No entanto, mesmo aqui, tive uma aventura desagradável. Estava subindo uma ladeira íngreme depois de visitar o Solar do Unhão, um lindo edifício colonial à beira-mar, que abriga o Museu de Arte Moderna da cidade. Estava seguindo minha memória do caminho, imerso em pensamentos, sem perceber que tinha errado a rua. Vi chegar uma moça desarrumada e sem atrativos, muito alarmada, convidando-me a dar meia-volta e mudar de direção, dizendo-me que se continuasse por ali correria o risco de ser assaltado, colocando até mesmo minha vida em risco. Ainda não sei por que a teimosia me levou a continuar, apesar dos avisos e, em certo momento, das ameaças da moça. De longe, porém, vi um grupo de suspeitos: de fato, eu ia caminhando em direção à entrada da Gamboa de Baixo, uma favela tão pitoresca com suas casas de frente para o mar, como uma Positano tropical, quanto perigosa, como descobri mais tarde. Meu instinto então me levou a "virar o calcanhar" e seguir para a rua principal, que passava em cima. A mulher me seguiu por um bom tempo, gritando e me acusando de ingratidão. Eu não estava percebendo que ela queria ser agradecida de alguma forma por "salvar minha vida". Dei-lhe algum dinheiro, não muito pouco, sabendo que estava sendo observado e que qualquer reação dela poderia causar problemas piores. A noite estava caindo, a vista de tirar o fôlego e o pôr do sol iminente me sugeriram que aquele não era um bom momento para terminar tudo mal. Tive tempo de olhar para o rosto da morena, que certamente teria sido lindo sem as marcas de uma vida tão dolorosa.

UMA PEQUENA DEGUSTAÇÃO
Negligenciar o tema da alimentação — como as pessoas comem, o que comem, que simbolismo os pratos transmitem e que história contam — é um descuido que os antropólogos não podem se permitir. Principalmente no mundo interconectado e globalizado de hoje, ainda mais se você estuda a cultura brasileira, e mais ainda se já esteve na Bahia.

    Sei que pode parecer repetitivo, mas como tudo na Bahia cheira a Jorge Amado também devemos a ele e à sua filha Paloma as descrições mais esclarecedoras, picantes e saborosas dos pratos baianos. A comida da Bahia não conta apenas uma história de constantes hibridizações, o que é de se esperar, tendo em vista a história do povoamento do Brasil, a diáspora africana, a disponibilidade de frutas e verduras e o papel dos colonizadores. O fato peculiar, que observei em seus aspectos mais sagrados, deve-se à "saída" dos pratos do contexto religioso para o profano, "o mundo lá fora". As iguarias — *de gustibus*, é claro, mas neste texto posso me dar esse luxo — que hoje são o orgulho da oferta turística da cidade eram, na verdade, originalmente apenas os pratos que cada devoto devia oferecer a seus orixás nos terreiros de candomblé. "Toda quarta-feira Xangô come amalá e nos dias de obrigação come cágado ou carneiro (ajapá ou agutã)... Para Ogum guardem o bode e o akikó, que é galo em língua de terreiro... Para a guerreira que não teme a morte nem os eguns, Yansã, não ofereçam abóbora, não lhe deem alface ou sapoti, ela come acarajé... Oxalá não gosta de temperos, não usa sal nem tolera azeite... Comida de Exu é tudo quanto a boca prova e come, mas bebida é uma só, a cachaça pura", escreve Jorge Amado em *Dona Flor*.

Todo romance do escritor baiano é literalmente "recheado", "revestido" de descrições. Vou me limitar a dois exemplos.

A torta de *puba* (mandioca fermentada): "Açúcar, sal, queijo ralado, manteiga, leite de coco, daquele mais aguado e daquele mais denso, os dois são necessários", em *Dona Flor*. "Prato de capricho e esmero é o vatapá de peixe (ou de galinha), o mais famoso de toda a culinária da Bahia. Vatapá para servir a dez pessoas (e para sobrar como é devido). Tragam duas cabeças de garoupa fresca — pode ser de outro peixe mas não é tão bom. Tomem do sal, do coentro, do alho e da cebola, alguns tomates e o suco de um limão... Refoguem o peixe nesses temperos todos e ponham a cozinhar. Num bocadinho d'água, num bocadinho só, um quase nada... Tomem do ralo e de dois cocos escolhidos — e ralem... Tirado esse primeiro leite, o grosso, não joguem a massa fora, não sejam esperdiçadas, que os tempos não estão de desperdício... A seguir agreguem leite de coco, o grosso e puro, e finalmente o azeite de dendê, duas xícaras bem medidas: flor de dendê, da cor de ouro velho, a cor do vatapá... Deixem cozinhar por longo tempo em fogo baixo... Para servi-lo falta apenas derramar um pouco de azeite de dendê por cima, azeite cru. Acompanhado de acaçá o sirvam, e noivos e maridos lamberão os beiços", naturalmente em *Dona Flor e seus dois maridos*, com a protagonista que dirige a Escola de Culinária Sabor e Arte.

A comida torna-se erotismo, religião, África nua e crua (mesmo quando é "ensopada"). Se, como disse, a cultura brasileira é particularmente sensível às mensagens escondidas nos pratos — a ausência, a abundância, a tradição de uma cozinha pobre que se transforma em "nobre" —, a Bahia realça essas características, lhes dão perfume, lhes impregna de magia.

Enfim, como nos romances de Amado, comer não é apenas a satisfação de uma necessidade primária, nem um simples ritual hedonista: é poesia, é claro, mas é principalmente um tipo de exploração antropológica.

Dito isso, não me vejo no papel de hedonista dos anos 1980: sou mais inclinado a rejeitar o modelo do utilitarista astuto, que escolheu como objeto de estudo somente os prazeres da vida: futebol, esporte e o Brasil com suas belezas naturais e gastronômicas. Mas o fato é que a culinária é uma metáfora extraordinária de uma cultura, aqui talvez mais do que em qualquer outro lugar: o elemento africano, agressivo, encorpado, de sabor forte até mesmo para os olhos — o azeite de dendê, extraído de uma palmeira, vermelho como sangue —, é combinado com condimentos mais refinados, de origem europeia e de outras origens. A comida baiana é um verdadeiro manifesto da dinâmica miscigenada deste país. Sentado no Sorriso da Dadá, no Camafeu de Oxóssi no Mercado Modelo, no Senac do Pelourinho ou no Iemanjá (não vi o excelente Casa de Tereza por causa do problema que mencionei), experimentando vatapá, caruru e moqueca, não parecia que eu estava comendo, mas viajando, até mesmo estudando. Metáfora, disse, da mestiçagem: como explicá-los, senão com a mistura de sabores e, portanto, das origens que contam?

Seria como fazer com que seu interlocutor, seja um ouvinte ou um leitor, perceba que, no fundo, sexo e comida estão intrinsecamente ligados, assim como, aliás, a vida e a morte. Sim, porque essa Salvador que ecoa vitalidade, que adquire tons pastéis e transmite a imagem de um Brasil mais feliz, unido no abraço harmônico de pretos, pardos e brancos, permanecerá para sempre ligada à nódoa, à vergonha, à esmagadora herança do fardo da escravidão.

Um lugar de abusos e tortura, de estupro — a miscigenação nasce de um ato de violência —, um ambiente de guerra, entre senhores e escravizados, entre divindades africanas e santos católicos. A harmonia, a paz, a materialização da miscigenação talvez sejam uma ilusão construída, uma narrativa sedimentada ao longo dos anos, a partir das palavras de conforto — racismo cordial, democracia racial — que aprendemos a conhecer.

Hoje, em 2023, sinto um forte sentimento de desorientação diante daqueles autores que amei — Gilberto Freyre, Sérgio Buarque de Holanda, Paulo Prado — e que tinham me levado para uma abordagem que me pareceu original e construtiva. Pelo menos aquele que se definiu "materialista de Obá",[20] referindo-se ao seu marxismo e agnosticismo religioso, teve a capacidade de não nos enganar até o fim, mostrando-nos a dureza, os males, as amarguras da vida dos mais humildes.

Em seus relatos místicos, Jorge Amado incluía críticas sociais, sátiras contra o puritanismo, uma acusação ao capitalismo — em *Tieta do agreste*, até uma reflexão ecológica (isso em 1977!) —, celebrava personagens humildes e iluminados, divindades cheias de virtudes e falhas humanas, mulheres corajosas capazes de desafiar a sociedade conservadora e conformista. Pescadores, meninos de rua, ladrõezinhos e prostitutas. Não, não é um mundo encantado. É por isso que ler Jorge Amado é uma experiência completa: porque nos deixa uma imagem muito clara de uma cidade e de uma região felizes, mas essa alegria é adquirida "apesar" dos males, que não são escondidos. É uma felicidade conquistada, pela qual as pessoas lutaram. Não é dádiva, mas conquista. Um resultado

---

20. O cargo de Obá, ou ministro, velho e sábio, do orixá Xangô, compõe a alta hierarquia do candomblé. "Na Bahia", declarou Jorge Amado, "não sou escritor, sou um Obá".

que parece ser similar ao alcançado pelo candomblé, em uma luta sem fim, insolúvel e extremamente difícil contra a rejeição pela sociedade branca e a intolerância religiosa.

LEMBRANDO
Portanto, o quadro que Jorge Amado traça não é ameno, mas bastante otimista e esperançoso. Essa imagem me acompanha nas andanças de hoje, quando caminho sozinho pelas ladeiras estreitas do Pelô, ou quando recupero a memória daqueles desfiles carnavalescos. Por que deveríamos acusar de ingenuidade os povos pobres e felizes? Por que sempre essa obsessão etnocêntrica de que todos os povos devem se submeter não só às nossas regras econômicas, mas também ao nosso modo de pensar?

Talvez alguém repare em mim enquanto sorrio caminhando, ou talvez, uma vez que os baianos também estão acostumados com tudo o que é ultramoderno, devo parecer um daqueles que conversam por telefone com fones de ouvido. Mas não, sempre vou preferir me parecer mais com um louco que fala sozinho do que com alguém que se comunica com esse tipo de engenhoca.

Naquela primeira viagem, eu tinha estabelecido que faria uma espécie de peregrinação nos três centros de culto historicamente mais importantes, considerados os pontos de difusão da religião: resumindo, os lugares onde tudo nasceu. Iniciado como um longo processo dinâmico que vem desde os navios negreiros e vai até as plantações, o sincretismo se institucionaliza em meados do século xix, sobretudo na Bahia, com uma maleabilidade que, de fato, marca seu poder de adaptação e seu sucesso. Foi nessa região que desembarcou o maior número de escravos africanos, porque as imensas plantações de tabaco e, principalmente, de cana-de-açúcar ficavam nas imediações.

A Casa Branca do Engenho Velho, dizem os historiadores, é o berço do candomblé baiano de origem jeje-nagô. Voltar lá, 33 anos depois, desperta a memória e o orgulho da descoberta. A mãe de santo da época, mãe Tatá de Oxum, já nos deixou, muitos dignitários também já se foram, mas fico emocionado ao rever o traçado particular do conjunto, numa encosta, com as casas debruçadas no morro, o centro do barracão, o local onde são realizadas as cerimônias, ainda com a grande coroa de Xangô.

Embora de tamanho modesto em comparação com outros terreiros, o Gantois mantém sua aura de *glamour* por ter sido o reino da mais famosa mãe de santo da história, mãe Menininha, e por ter tido entre seus seguidores intelectuais e artistas do calibre de Caetano Veloso, Gal Costa e Daniela Mercury, além de políticos e profissionais importantes de todas as áreas. Quando estive lá pela primeira vez, mãe Menininha falecera havia pouco, e sua presença ainda podia ser sentida nas lembranças e nos olhares de todos.

E lá estava eu novamente num dos terreiros mais famosos da Bahia, o Axé Opo Afonjá, na época dirigido por mãe Stella Azevedo, então líder de todo o movimento do candomblé brasileiro. Estava ciente disso e me aproximei dela com as mesmas deferência e admiração que me acompanharam em São Paulo, quando fui conhecer mãe Sylvia. Não posso deixar de dizer que mãe Stella manteve uma atitude majestosa naquela ocasião; ela foi um pouco distante, menos afável do que muitas outras sacerdotisas. Não que tenha sido uma experiência negativa — ainda estava imerso naquele mundo encantado, precisava cumprir meus deveres como pesquisador, enfim, "levar resultados para casa" —, mas me lembro dessa figura com menos empatia do que muitas outras.

Rememorando hoje, confirmo a impressão que tive na época: aquele terreiro está certamente entre os que melhor reproduzem a estrutura original e o ambiente africano, graças aos seus vastos espaços, às suas simbologias naturais — as árvores, a água, as folhas — que remetem à terra dos ancestrais. Além disso, com o passar do tempo e graças ao comprometimento das suas sacerdotisas, o terreiro mantém uma escola de ensino fundamental para crianças afrodescendentes, um recinto para cerimônias públicas, inclusive profanas, e ponto de referência para quem, de um modo ou de outro, se interessa pelo candomblé. Durante décadas, mãe Stella, autora de livros e cronista de jornais, apareceu na TV e na imprensa escrita como uma verdadeira estrela, capaz de orientar as posições sociais e políticas de milhões de brasileiros, independentemente de pertencerem ou não ao culto.

Também foi aqui que cumpri aquele complexo ritual que os antropólogos chamam de experiência de campo ou, de forma mais imaginativa, "rito de passagem". Eu queria que a minha *full immersion* fosse completa e, apesar da relutância e dos medos, sempre havia sido levado pelo destino, ou pelos deuses, ou de Alessandria para São Salvador de Todos os Santos[21] — e precisava dar um passo à frente. Não necessariamente me iniciar, ou seja, entrar para o grupo depois de ter cumprido todas as etapas que compõem o rito de iniciação, mas frequentar assiduamente os terreiros e a família de santo, "virar um deles", isto é, assumir uma posição "êmica", ir até o fim no conhecimento iniciático. É bom que sublinhe qual foi minha escolha. Parafraseando Claude Lévi-Strauss, a maneira ideal de falar sobre um lugar, um povo, um culto, seria alternar entre o olhar "de perto" e o olhar "de longe". Mas, em um candomblé, não é possível entrar e sair à vontade; ou seja, certos segredos iniciáticos podem ser conhecidos se e somente se você cumprir o rito de iniciação e se tornar, para todos os efeitos, um devoto. Nesse caso, como aconteceu com muitos colegas meus, você negocia uma experiência maior por um inevitável dever de serviço, por um envolvimento militante que afeta a objetividade e a sinceridade. Como criticar seu pai espiritual ou sua comunidade? Por outro lado, como já disse, embora não tenha me tornado filho de santo, o envolvimento intenso que tive nesses 33 anos me possibilitou uma visão intensa, embora incompleta e imperfeita. Para mim, foi suficiente.

21. Nome completo da cidade de Salvador.

NA PERSPECTIVA DO CANDOMBLÉ

Naquele agosto de 1990, portanto, entrei em contato com o culto afro-brasileiro do candomblé, um sincretismo heterogêneo que prevê a possibilidade de juntar os santos do catolicismo com as divindades do continente africano. Não imaginava o que isso representaria para a minha vida. Pressentia, é claro, que o esforço de seguir aqueles rituais longos e complexos seria decisivo para minha pesquisa, que na época eu considerava original, sem precedentes e, com um toque de orgulho, também corajosa. Pensei que aquelas noites que passei ouvindo o rufar dos tambores, evocando, desejando a manifestação dos orixás — deuses dos povos iorubás — nos corpos dos fiéis, assumindo posturas, repetindo gestos, cheirando perfumes, conversando com os fiéis e os sacerdotes, serviriam para concluir meu trabalho e me formar, nada mais que isso. Mas, pelo contrário, o candomblé tornou-se uma experiência existencial, uma conexão perpétua com um "outro" mundo — outro em sentido espiritual e também geográfico —, uma fonte inspiradora, um recipiente de significados, interpretações e percepções.

Sem o candomblé, meu conhecimento do Brasil teria sido diferente; não necessariamente menor ou menos interessante, porque talvez teria encontrado outras chaves de interpretação, mas certamente seria orientado a privilegiar outras peculiaridades, outras variantes e outros aspectos.

Ao longo de todos esses anos, o candomblé tem funcionado para mim como um "medidor" de temperatura: se consigo me orientar (pelo menos um pouco) entre democracia imperfeita, direitos civis, perseguições religiosas, discriminação racial, questões de gênero, percepções da relação natureza-cultura, informalidade, devo muito à convivência com o candomblé.

Entre as muitas características mantidas por essa religião, acredito que a mais importante seja a inclusão: ao contrário de outras religiões, incluindo o catolicismo, o candomblé não discrimina as tipologias sociais que geralmente são marginalizadas, o que o torna um ponto de vista privilegiado para qualquer análise e sob qualquer perspectiva. Em torno do candomblé, fervilha um microcosmo realmente representativo da sociedade global de referência. É como se o sagrado e o profano, o candomblé e a cidade, a africanidade e a modernidade, mesmo mantendo suas próprias lógicas e peculiaridades específicas, pudessem se alternar à vontade.

De qualquer forma, as muitas mudanças registradas ao longo desses 33 anos aconteceram mais como resultado de diferentes condições sociais, das transformações do tecido urbano e estatal, do que por conta de lógicas internas. Quase todos os seguidores do culto tentam me explicar que o candomblé "é sempre o mesmo", mas não acredito nisso. Embora deva ser considerada uma religião em movimento constante, é certamente a sociedade brasileira, mais do que o candomblé, que viaja em ritmo acelerado.

Mais do que outros cultos, o candomblé é um "de caráter doméstico", ou seja, ligado a lógicas restritas e familiares: os sacerdotes que encontrei na vida sempre me deram uma sensação de acolhimento, de benevolência, fraternidade. Admito que, às vezes, esse comportamento atencioso e protetor em relação a mim chegou a me deixar constrangido na presença dos outros filhos, colocando-me numa situação privilegiada diante de pessoas muito mais habituadas, conhecedoras e especialistas no culto. Como se o fato de eu ser um pesquisador, e ainda por cima estrangeiro, necessariamente me colocasse em um pedestal de autoridade. Tentei usar essa oportunidade com tato e delicadeza, sem ferir a suscetibilidade de ninguém, mas quem sabe, talvez provocando alguma inveja.

No entanto, é verdade que, às vezes, uma espécie de benevolência, uma "ternura de antropólogo" em relação às pessoas que eu estava estudando, tomava conta de mim. Por que eu me sentia tão atraído por esse mundo tão estranho ao meu universo, à minha formação cultural, aos meus horizontes conhecidos e até mesmo às minhas expectativas?

Nesse meio tempo, devo admitir que, como todos os iniciantes em pesquisa de campo, senti a emoção, talvez o enaltecimento do novo, do desconhecido, do inédito. De certa forma, me sentia como um precursor, sabia que era um dos primeiros italianos a lidar com os cultos africanos naquele contexto, e isso me enchia de orgulho profissional que servia ao meu ego. Quando voltei para a Itália, tive uma enorme dificuldade em encontrar um coorientador para a minha tese. Pedi até para o escritor Antonio Tabucchi, que na época lecionava na Universidade de Gênova e de quem gostava muito. Ficou confirmado que esse tema era quase desconhecido na Itália ou, pelo menos, entre os professores da minha universidade. Ninguém parecia estar interessado no assunto ou conhecer pelo menos um pouco.

Quando ainda me encontrava no Brasil, precisava de um pretexto para continuar naquela situação objetivamente difícil — embora, como disse, as circunstâncias do encontro com Reginaldo tivessem me favorecido muito. Encontrei o pretexto. Foi como se eu tivesse sido projetado no meio de um roteiro de cinema importante, de que gostava.

Mas, com certeza, isso não é tudo. Logo senti uma atração sincera e desinteressada por aquele mundo místico, mágico e extraordinariamente acolhedor e sentimental, atento à personalidade individual. Talvez tenha sido também por causa do cheiro de limpeza e de floresta, ou por aquelas cores — com a predominância do branco das roupas, do branco da pureza e ainda o vermelho, o azul e o verde de Iansã, Ogum, Ossaim —, o sorriso aberto e negro de todos, a ideia, a sensação de que os orixás, esses deuses africanos gigantescos e primitivos, mas tão afáveis, podem ser realmente sentidos, mesmo que você venha da Europa branca.

Mas também experimentei sentimentos inesperados dos quais, em outro contexto, teria vergonha ou teria escondido: como a atração erótica por certas filhas que interpretavam as danças dos deuses com despudor, ou a emoção levemente perversa da matança dos animais consagrados, atravessada pela tranquilidade serena dos axoguns, pelo cheiro de sangue e de outras coisas, a reação das vítimas, que parecem "sentir" os orixás como os sentem os homens.

Aliás, graças aos rituais do candomblé, descobri na minha própria pele como a opinião pública pode ser mais atraída por certos detalhes mórbidos do que pela essência de muitos fenômenos.

Em 1992, quando estava em São Paulo, um pai de santo foi acusado de ter sacrificado uma criança simplesmente porque "Exu[22] tinha lhe pedido". Naturalmente, a notícia causou alvoroço, e não apenas entre os seguidores do culto, e se tornou o enésimo pretexto — como se fosse necessário — para atacar a religião, acusar e demonizar os seguidores.

Havia quem declarasse, de forma provocativa, que "Exu pode pedir qualquer coisa", mas a pergunta estava

---

22. Exu é a divindade mais controvertida da religião, um orixá mensageiro, que dirige a comunicação e a reprodução. Em virtude da miopia dos primeiros missionários e viajantes cristãos que chegaram às terras dos orixás, foi associado ao demônio.

mal-formulada: em teoria, sim, por ser uma religião aética, o candomblé não considera as categorias de excessivo ou execrável; mas no dia a dia o culto está bem inserido em um contexto global — é por isso que o estudei — e é praticado por cidadãos brasileiros que, até prova em contrário, respeitam as leis do Estado e também a moral vigente. O caso perdeu relevância logo e entrou para as páginas das notícias de crimes, verdadeiros ou não, mas não antes de possibilitar que eu escrevesse um artigo, publicado em um dos principais jornais da Itália. Naturalmente, a circunstância me deixou orgulhoso, uma vez que, com certeza, não era um artigo escandaloso e mórbido. No entanto, também fiquei um pouco decepcionado, pois esperava publicar artigos mais estruturados, menos ligados a fatos insólitos.

MEUS CAROS INFORMANTES
Com a ajuda preciosa de Reginaldo, conheci muitos terreiros, experimentando, de tempos em tempos, a desorientação do iniciante, a emoção da novidade, a reverência do carisma, o hábito agradável do encontro. O medo, às vezes palpável, de que alguma coisa pudesse acontecer comigo, não me refiro a algo perigoso, mas incontrolável. Afinal, sou uma pessoa reservada e a perda de controle é um dos meus medos mais bem fundamentados, uma das minhas obsessões mais recorrentes.

Gostaria de relembrar aqui alguns encontros, mencionando-os propositalmente de forma esparsa e não cronológica, como se a perspectiva desses anos fosse esmagada por outras lógicas. Com vários deles — Aulo e Armando, por exemplo —, colaborei na redação de mais de um texto; muitíssimos não estão mais entre nós, embora sua memória e sua presença permaneçam vivos em mim, ao lado da minha gratidão. Confesso que este detalhe me deixa impressionado.

Eis aqui pai Aulo Barretti Filho, de Oxóssi, que nos deixou em 2016, grande divulgador do culto — ministrava cursos de mitologia na língua iorubá — engajado no projeto de "africanização" do candomblé, que considero uma tarefa tão meritória para o orgulho da identidade a ser reconstituída, mas também em vão, porque nesses cultos o sincretismo é, na verdade, natural. Supondo que um antropólogo possa falar de pureza — e não pode —, não existe mais nada no culto que seja "puramente africano".

Devo a pai Doda de Ossaim a oportunidade de ter tirado fotos do seu terreiro, que conservo com cuidado, não apenas "espiritualmente", mas também fisicamente, penduradas nas paredes do escritório onde trabalho. Pai Doda era uma bela figura de negro carismático e elegante, que despertava confiança no papel que desempenhava, e faleceu em um acidente de carro trágico e lendário, tendo o carro em que viajava colidido com uma vaca. Funcionário público municipal na vida civil, era um exemplo típico de sacerdote que podia se relacionar com qualquer pessoa: políticos proeminentes, professores universitários atraídos pelo enorme simbolismo do culto e pessoas humildes, assim como sua casa modesta no bairro de Pirituba. De tempos em tempos, viajava para a Europa para ajudar seus filhos, o que me surpreendeu bastante, uma vez que na época, em 1990, eu ainda não sabia que a religião estivesse disseminado além do Brasil. Reginaldo me contou que, durante o rito fúnebre, o axexê, realizado no terreiro, uma filha de santo homenageou pai Doda com palavras sinceras, elogiando tanto sua força quanto sua humanidade: "No candomblé, tudo tem seu tempo", disse. "Doda sabia ser chique e ser humilde. Vamos seguir sua lição".

De mãe Zefinha de Oxum, que também nos deixou, e de seu terreiro, construído em uma área da periferia chamada Jardim Campo de Fora, lembro-me da capacidade de se adaptar com discrição, da frugalidade e do comportamento maternal. No pátio, a fonte, evidentemente dedicada a Oxum, a divindade das águas doces, continua a jorrar, e os quartos dos orixás, que em outros lugares são grandes e opulentos, aqui são instalados em espaços estreitos.

Já falei de mãe Sylvia de Oxalá e de seu suntuoso centro, que ocupa uma área de quatro mil metros quadrados no bairro do Jabaquara. Foi o primeiro dos terreiros de São Paulo a ser declarado patrimônio da cidade. Eu me senti bem no seu templo, e me lembro de que alguns dos meus gestos, como tocar o chão com a cabeça em sinal de submissão, prestar atenção na hora de cruzar a soleira da porta, homenagear a mãe, a impressionaram favoravelmente: o "jovem" pesquisador havia aprendido boas maneiras desde o início. Mas tudo era mérito dos ensinamentos de Reginaldo.

O mais efusivos e animado entre os pais de santo que conheci — e também um dos líderes de maior destaque no estado de São Paulo — foi Toy Francelino de Xapanã, da nação mina jeje-nagô, originária do Maranhão. Fiquei muitíssimo impressionado com seu empenho em unificar os terreiros das mais diversas origens étnicas. Ele pressentia — triste profecia — que a desunião e a rivalidade poderiam ser contraproducentes em alguns aspectos, enquanto a coesão e a vontade comum dos sacerdotes fortaleceriam o movimento dos cultos afro-brasileiros. Por isso, promovia reuniões regulares com outros líderes, além de cerimônias para demonstrar a possibilidade de juntar várias danças e cerimoniais. Seu *slogan* "União na diversidade" infelizmente não foi seguido, e inclusive nesse aspecto sua morte deixou um profundo vazio. Lembro-me de que, para fortalecer a possibilidade de difusão do ritual, Francelino ia a todos os lugares, mesmo durante compromissos "civis", usando suas vestes e seus colares rituais, e convidava qualquer um que seguisse a religião a fazer o mesmo: não havia necessidade de se esconder; pelo contrário, era bom demonstrar orgulho por esse pertencimento. Suas festas eram coloridas, animadas e muito concorridas. Você podia se ver diante de um promotor, ou de um ator de novela, enfim, alguém com um rosto familiar até mesmo para mim. Os transes de Francelino eram espetaculares, intensos e verdadeiros.

O terreiro de pai Logunwá (Eduardo Gehrke), instalado no bairro de Joanópolis e imerso na Mata Atlântica, atua não só como templo do culto, mas também como centro de difusão da cultura afro, oferecendo atividades culturais, festivais e encontros de vários tipos, para demonstrar como o candomblé deve ser considerado uma religião plena, rica de princípios morais e éticos, e capaz de resolver tensões e conflitos interiores de quem participa.

Graças às reviravoltas do acaso, a essas circunstâncias inesperadas que fazem com que as oportunidades, assim como os homens e as ideias, viajem pelos dois lados do Atlântico, encontrei na Itália e no Brasil pai Taunderã (Gerson Gonçalves Marques), babalorixá do Ilê Axé Odé Igbô, situado em Juquitiba, na Grande São Paulo. Herdei este último contato, digamos assim, de Luisa Faldini, uma antropóloga que foi minha professora na Universidade de Gênova e depois se tornou uma referência profissional nessa aventura científica. Se fosse possível, trocaria a gratidão que lhe devo pelo orgulho de ter transmitido a ela o amor por este país, esta religião e este povo. Antes da minha viagem, ela não conhecia nada disso, que agora ama a ponto de ter escolhido morar em São Luís do Maranhão. Pai Gerson, afável, animado e às vezes avassalador, viaja entre Lisboa, Milão, Turim, Gênova e Roma para a prática oracular — posso confirmar que ele é particularmente talentoso nesta arte — e para iniciar filhos de santo. Sim, já há terreiros de candomblé na Itália.

O tema da transmigração do culto à Europa, especialmente na Itália, uma fronteira de estudos que alguns colegas estão começando a explorar, está bem presente no meu horizonte de conhecimento e oportunidades. No fundo, sem falsa modéstia, acredito ter a "ferramenta" e a experiência para aprofundar determinadas dinâmicas. No entanto, sempre senti uma espécie de resistência a essa tarefa, e certamente não por uma pretensão esnobe de buscar autenticidade e originalidade, que (me parece já ter dito) seriam, de qualquer forma, totalmente efêmeras. Para simplificar: estudar um culto que, aqui na Itália, não faz parte do caldo cultural afro-brasileiro, cujos seguidores na Itália, apesar dos esforços, pouco ou nada sabem sobre o culto, e que entre outras coisas, não têm à disposição as plantas e as comidas e não podem realizar sacrifícios a não ser em ambientes adaptados, certamente com a desaprovação social, me interessa menos do que continuar a explorar a dinâmica e o potencial de afirmação do candomblé no Brasil.

NA CASA DE ARMANDO
Sinto respeito e admiração por Armando Vallado de Ogum, Akintundê, fundador do terreiro Ilê Axé Yemojá Orunkoré Ogun, mais conhecido como Candomblé Casa das Águas, em Itapevi. Uma amizade sincera me liga a ele. Armando é minha referência científica mais assídua e constante, o sacerdote que me conduziu por alguns rituais que não devo relatar. Entre as viagens que fizemos juntos, quero falar sobre uma ao Rio para encontrar pai Agenor Miranda Rocha, seu pai de santo, a figura mais carismática da história candomblé. Em virtude da sua sólida formação acadêmica, Armando é capaz de conversar com qualquer pessoa, mantendo a identidade religiosa e os planos simbólicos juntos: fala de forma alternada ou, com mais frequência, simultânea, como sacerdote e como pesquisador. Vou à sua casa todos os anos, para mergulhar, mesmo que por apenas algumas horas, no mundo encantado que me ajudou a conhecer o Brasil e também a mim mesmo; para beber — não sei se é o verbo adequado — da fonte de um conhecimento que continua a me atrair, seja para escrever a respeito, seja para guardá-lo com zelo, de modo a transformá-lo em algo íntimo.

Para mim, o terreiro de Armando continua a ser o cheiro forte, penetrante e selvagem do sangue dos animais sacrificados; a sacralidade irreproduzível de certos momentos (eu sei, é difícil explicar); o turbilhão vertiginoso de sons, movimentos, sobreposições de imagens, quando você realmente parece perder a consciência espacial e temporal, os marcos importantes, a âncora ocidental do Eu. Foi lá que o medo de cair em transe me pegou várias vezes, porque gradualmente me senti cada vez mais preparado para aquela ocasião. Pois, como diz Roger Bastide, é verdade que o transe é "natural e cultural", uma vez que se trata de um "estado alterado de consciência" e um momento apreendido culturalmente, porque é necessário estar ritualmente preparado para "incorporar", mas aquela divindade está ali, iminente, quase tangível, quase visível, quase vencendo seus esforços para resistir. Às vezes, e Armando sabe disso, a força sedutora do meu Ogum se aproximou demais, ficou demasiado violenta e prepotente para não me dominar; se não aconteceu, é porque "o momento não chegou", porque a vontade dos orixás era — é — outra (a resposta divinatória do jogo de búzios remete ao meu destino como não rodante);[23] porque não estou pronto, porque no fundo não é o que eu quero. Aprendi quase tudo sobre o ritual com Armando; o que está faltando não é ser a explicação, mas a vivência.

O estado de transe é o centro em torno do qual se lançam a profundidade, a credibilidade e a originalidade do culto. A manifestação dos orixás no corpo dos fiéis em transe continua a ser um mistério para muita gente; alguns pensam que seja até uma mistificação. Estive muitas vezes ao lado de fiéis que "passavam" por esse fenômeno — no terreiro de Armando e em outros — e assimilei as tensões, a alegria, a felicidade e o orgulho do momento. Enfim, como senti fortes perturbações e profunda ansiedade, posso afirmar com toda a franqueza que se pode pensar de tudo, menos que os estados de transe possam ser confundidos com "simulações". Exigem

23. O *jogo de búzios* é a adivinhação feita com o uso de conchas consagradas, que revelam o pertencimento de cada um de nós a uma divindade diferente. Os seguidores do culto se dividem em *rodantes* e *não rodantes*. Os primeiros entram em transe; já os outros, em virtude das tarefas de prestígio e de controle que devem cumprir — cuidar de quem entra em transe, cumprir o sacrifício ritual, tocar os tambores durante as cerimônias —, não podem fazê-lo.

muito sofrimento, muito envolvimento, muita devoção para que alguém pense que vale a pena fingir, correndo o risco, entre outras coisas, da reprovação dos espectadores. Já vi saltos e cambalhotas inacreditáveis, danças lindas e sensuais, lutas aguerridas e até o deslizar de uma cobra; já vi o movimento das ondas do mar ser representado — justamente por pai Armando, quando estava em transe de Iemanjá — e todas as vezes pensava: "Mas este alguém que está na minha frente realmente se transformou em outra pessoa", para não dizer "agora poderia ser a minha vez".

Graças ao seu trabalho de líder de terreiro, à sua reputação de estudioso diplomado e, claro, à sua afabilidade, Armando também ganhou uma grande visibilidade, traduzida na variada gama de pessoas que fazem parte de sua casa. O leque vai desde o doutorando em sociologia ou psicologia até o trabalhador com um nível de escolaridade extremamente baixo; da cuidadora de idosos nordestina ao empresário de origem italiana; do *videomaker* bem-sucedido à proprietária de loja de roupas de grife e ao desempregado. Não fiz citações aleatórias. São pessoas que entrevistei várias vezes sobre os mais diferentes tópicos.

Pai Armando acompanha seu tempo e enfrentou a pandemia da covid com as necessárias medidas sanitárias. Não vira as costas ao fato de que as novas tecnologias interferem até mesmo no relacionamento tão consolidado, e aparentemente tão estável durante séculos, entre sacerdote e devoto. "Antes a transmissão era puramente verbal", diz, "mas hoje em dia já se usa até o WhatsApp para tentar resolver problemas que exigiam proximidade física e muito mais tempo, muito mais reflexão. Não sou contra o uso da internet, mas é preciso moderação. O problema é que hoje se encomenda qualquer ritual pela internet. Aplica-se qualquer trabalho, resolve-se qualquer questão".

Como diz um *slogan* de sucesso entre as pessoas do culto, passamos do tambor dos rituais ao computador. No imaginário coletivo, os tambores continuam sendo os instrumentos necessários para a comunicação entre o mundo terreno e o Orum, o mundo espiritual. É por isso que os alabês, os percussionistas, gozam de um prestígio reconhecido e difundido. Se não estivéssemos falando sobre algo no âmbito espiritual, eu diria que o respeito e a admiração que eles têm se aproximam àqueles dos integrantes de uma banda de rock. De fato, muitos alabês são músicos profissionais na vida civil.

Com certeza, depois de ter frequentado um terreiro por tantos anos, percebi quantas mudanças aconteceram nesse período que se estendeu ao longo da virada de dois séculos. Acabei de dizer que a sociedade brasileira viaja rápido, mas certamente o culto também passou por transformações radicais.

No início da década de 1990, lembro-me da presença obrigatória e um tanto incômoda do telefone em todos os terreiros: era usado para marcar compromissos, informar sobre o calendário de festas, encomendar ingredientes para os pratos de comida votiva e animais para as oferendas aos orixás. Havia até um serviço de emergência para qualquer necessidade. No entanto, era o "boca a boca", a oralidade, que prevalecia sobre qualquer outra forma de comunicação, com o jogo de búzios "presencial" preservando o papel de resposta oracular de forma legítima.

Com o advento da internet, cresceram exponencialmente as possibilidades de coleta de informações de qualquer tipo. Mitos, rituais, genealogias, características das divindades, cânticos, oferendas e locais para identificar seus elementos: são muitas as possibilidades para acelerar o próprio conhecimento. No entanto, apoiando essa mudança, perde-se a vantagem imensurável da vida comunitária, da participação direta, da observação e da emulação. Em outras palavras, o debate aberto sobre os efeitos negativos do confinamento em tempos de pandemia, sobre as novas formas de oferecer a educação formal e a informação e sobre as modalidades do *home office*, ou trabalho remoto, amplia-se com nuances inéditas.

A mobilidade religiosa, por exemplo, aumentou: mais informações e mais rapidez de transmissão oferecem mais possibilidades de escolha, e assim tornou-se mais frequente a mudança de fiéis de um terreiro para outro, bem como de um culto para outro. Nesse meio tempo, entre as várias casas de culto, como a de Armando, e o círculo de intelectuais que as frequentam, surgiu um novo projeto: o de escrever e publicar mitos, coletar testemunhos, decálogos de regras e preparações rituais. Algo diferente da literatura científica sobre o assunto, que já havia disponibilizado em livro muito do repertório mitológico e ritualístico, material certamente menos acessível à maioria dos seguidores das religiões afro-brasileiras.

Mitologia dos orixás, de Reginaldo, publicado em 2001, foi a primeira coletânea de mitos dispersos na oralidade ou publicados em vários, ou muitos textos, entre eles *Orixás: deuses africanos no Novo Mundo*, de Pierre Verger, de 1981.

Graças a essas novas fontes de informação — a internet, os livros — que tornam a história do culto acessível, a autoconsciência dos fiéis cresceu. Autoconsciência que pode ser mensurada, principalmente, pela reivindicação por um processo de africanização do candomblé.

Outras mídias, como a televisão e o rádio, estão nas mãos de outros modos de pensar e outros cultos, como as igrejas evangélicas. Já vimos como o candomblé carece de uma organização empresarial sólida e de unidade de propósitos, o que evidentemente o priva de algumas das possibilidades da modernidade.

Somente em minhas viagens recentes testemunhei uma nova mudança tecnológica, uma "revolução na revolução". O celular e as redes sociais constituem um novo salto para tudo o que se refere a informações e ao estabelecimento de redes de solidariedade entre filhos de santo. Além do perigo da falta de confiabilidade das fontes — um problema sentido e debatido no âmbito da revolução tecnológica —, o panorama atual oferece inegavelmente a vantagem de ampliar as possibilidades de conhecimento e as zonas de influência, ao custo, porém, da perda de uma certa "tradição" e de uma "autenticidade". Mas essa observação não pode ser enfatizada excessivamente por quem está falando de uma religião em contínua evolução, que faz da mudança e da adaptação a novas situações suas características de identidade mais distintas. O que ocorre também com as outras religiões.

Talvez seja desnecessário sublinhar o quanto uma religião em que a pele, o sangue, o contato, o abraço, a libação comunitária e até o suor são elementos indispensáveis pode ter sofrido durante a pandemia. Terreiros fechados, alguns para sempre, atividades reduzidas a sessões *on-line* — posso imaginar que as diabruras tecnológicas e os aplicativos tenham afastado muito as divindades ancestrais —, depressão e desmotivação acentuada. No entanto, é exatamente o espírito de adaptação, a capacidade de mudar, reciclar e se relançar de novas maneiras que deu origem ao sucesso do candomblé, que teve a capacidade de sobreviver em diferentes épocas com muitas dificuldades. Acredito que esta seja a chave para o renascimento gradual, que não consigo imaginar até onde chegará. Assim como em outros campos, a revolução tecnológica é vivenciada como uma oportunidade de renovação, e não como um incômodo. Nem que seja só para o reconhecimento, os apelos, a circulação de informações entre os fiéis: em outros tempos, o vaivém das notícias costumava ser muito mais difícil de ativar e monitorar.

NA CASA DO "PAPA"

Se todos esses encontros foram importantes, de fato decisivos, se cada um desses sacerdotes, para além de qualquer retórica ou frases circunspectas, de fato me deixou algo íntimo e precioso, a experiência mais forte e decisiva para a minha pesquisa é, sem dúvida, a peregrinação à casa de Agenor Miranda Rocha no bairro do Engenho Novo, no Rio, realizada na virada do século.

Usei deliberadamente o termo "peregrinação" porque esse encontro é, para os seguidores do culto, comparável à visita do Papa ou à viagem a Meca. Aquele que era chamado de oluô, ou adivinho, intérprete da vontade do oráculo do candomblé, foi, enquanto viveu, o "líder" religioso de maior credibilidade, respeito e autoridade do culto. Acima de tudo, ao longo do século XX, iniciou espiritualmente uma série de sacerdotes, que puderam se orgulhar dessa gloriosa genealogia.

Já naquele verão carioca escaldante, surgiu em minha mente uma dúvida, não sei o quanto fosse induzida, sobre o prestígio do "Professor": Agenor era filho de pais portugueses nascido em Angola, professor de um prestigioso colégio fundado no Rio no tempo do império, branco e de classe média. Viajava anualmente à Europa... Tinha 92 anos na época de minha visita e faleceu em 2004, aos 96 anos de idade e com mais de 90 anos de iniciação. Ninguém jamais foi digno de substituí-lo no cargo. Na sala de visitas de sua casa, onde se podia ver um piano, móveis antigos e uma poltrona mítica, atendia todo tipo de pessoa suficientemente afortunada por ser recebida por ele.

Em minha visita-peregrinação, observei a emoção palpável e, portanto, contagiante dos que estavam a meu lado. Agenor era um homem irônico e humilde, um verdadeiro sábio, exatamente como eu o imaginara na minha ingenuidade. Ele nos deixou esperando por um bom tempo — também aprendi que os personagens da tradição africana, por mais humildes e disponíveis que sejam, sempre se fazem desejar — e então começou a dizer frases que gravei na memória.

"Sou um negro", foram suas primeiras palavras, "apesar de que, por ter nascido em Luanda, deveria me sentir português-angolano, além de baiano e carioca". Era filho de uma cantora lírica e de um funcionário do serviço diplomático português.

Até aí tudo bem, com exceção de que Agenor, aos meus olhos racionalistas ocidentais (pelo menos um pouco), me parecia ser branco empalidecido. Sua história é um romance, embora não me esqueça de que estamos na América do Sul, na terra do "realismo mágico", onde a verossimilhança conta menos.

Na Bahia, para onde a família havia se mudado, o pequeno Agenor foi acometido por uma doença misteriosa. Desesperados, os pais o levaram para consultar mãe Aninha, fundadora do famoso terreiro Axé Opô Afonjá. A consulta ao oráculo presidido por mãe Aninha deu um resultado surpreendente: a criança tinha o dom de "ver" o destino dos homens e das mulheres. Uma vez iniciado, com o tempo, o "Professor", docente de letras, tornou-se o responsável oracular dos mais importantes casos de sucessão de liderança nos terreiros brasileiros. Seu poder e seu prestígio se devem à sua capacidade de interpretar a vontade dos deuses, desde o longínquo 1920: por cerca de um século, pai Agenor acompanhou o candomblé no seu processo de afirmação.

Em 1928, pai Agenor anotou em um precioso caderno excertos de um inestimável patrimônio de conhecimentos até então contado oralmente. Setenta anos depois, esse caderno, que continha as características dos orixás, os caminhos (as histórias míticas), os chamados odus, isto é, a combinação dos búzios, resultado de cada jogo, foi publicado com o título *Caminhos de odu*, em livro organizado por Reginaldo e editado pela Pallas.

Em 1999, Agenor conheceu o Papa Wojtyla, descrevendo-o como "amigo" e procurando demonstrar humildade: "Mas, na verdade, falo com todo mundo; as pessoas com quem lido são o povo. Simplicidade... é uma palavra tão preciosa...", me disse.

Na entrevista que fiz com ele, havia uma referência explícita a duas posições não ortodoxas, digamos, que me impressionaram muito porque foram pronunciadas pela autoridade máxima do culto. Uma espécie de... heresia oficial.

A primeira: Agenor acreditava que os santos do catolicismo e as entidades africanas deveriam ser separados em nome da busca de uma pureza original, que é a antítese do conceito de sincretismo. A segunda "heresia" foi em relação ao sacrifício.

Agenor sempre declarou que todo o axé vem das plantas. O axé é o poder mágico consagrado que faz a religião viver e leva os terreiros e os devotos a prosperarem. Em outras palavras, não considerava necessário recorrer ao sangue dos animais e, portanto, ao sacrifício. Sua fórmula um tanto ambígua era: "Não gosto de matança — matar durante o ritual —, mas também não sou contra, pois faz parte dos preceitos". "Não gosto de tirar a vida dos animais", repetiu. "Mas quantas coisas somos obrigados a fazer na vida para respeitar os costumes!"

HOJE COMO OUTRORA: PAI ATAUALPA

Aqui estou eu em 2023. Se teve algum significado esta última viagem em busca de sensações, talvez um tanto perdidas, à procura de novas perspectivas e oportunidades, é porque procurei, e felizmente encontrei, o sacerdote com quem — conforme já disse — tudo começou.

Ouvir sua voz novamente, 33 anos depois, reacende emoções e inquietações. Pai Atualpa de Figueiredo Neto, Tata Kajalacy, do candomblé da tradição angola de São Sebastião, é uma figura a quem devo gratidão, uma vez que foi graças a ele e à sua acolhida que tive contato pela primeira vez com essa história de deuses e homens, opressão e redenção. Com essa história de engenhosidade e sofrimento, que primeiro levou os escravizados, e depois seus filhos e netos, a apagar séculos de preconceito criando um culto sedutor, que conquistou milhares de seguidores. Até determinado período do século XX, negros e pobres; a partir da década de 1960, também os brancos, ricos e até intelectuais.

Eu tinha uma reverência acentuada na época e posso dizer que o instinto, nunca como neste caso, favoreceu minha compreensão das coisas. Como já disse, os pais de santo são personagens carismáticos; se forem afrodescendentes, têm os estigmas do sofrimento ancestral e da influência étnica inscritos nas rugas dos olhos e nas calosidades da pele; mas, se forem brancos, podem oferecer a originalidade do percurso, o valor agregado de uma identidade miscigenada em construção, o interesse por traços culturais e religiosos que devem ser adquiridos com esforço e que não fazem parte, por assim dizer, de uma bagagem de conhecimentos indiretos e "quase"...[24] espontâneos.

Lembro que o carisma e a respeitabilidade de pai Ataualpa me intimidavam: apesar da minha inexperiência e da minha ingenuidade — afinal, era o primeiro sacerdote do culto que eu conhecia, entre muitos outros e outras que encontraria em minha jornada —, me pareceu como um homem abençoado pela graça, um homem... "ungido" não pelo Senhor, mas pelos senhores e senhoras do universo.

"Meu sangue é francês, português e africano. A história da minha família é muito complexa", lembra hoje pai Ataualpa. Com uma voz forte e uma aparência jovem, apesar de seus setenta anos, promete me contar a história em detalhes, o que naturalmente omito nestas páginas. No entanto, alguns aspectos demonstram uma espécie de predestinação: o bisavô "judeu e de olhos azuis" que se casa com uma escravizada e é deserdado pela família, além de discriminado pela sociedade; o avô que nasce em 1900 e recebe o nome de Ataualpa em homenagem a um amigo peruano do casal orgulhoso; a consciência da miscigenação que se espalha da pele para o cérebro, tornando-se teoria e depois prática.

"Somos americanos, mas acima de tudo somos romanos. Nós, brasileiros, somos imbuídos dessa romanidade. Sentimos fortemente uma vocação que nos leva a copiar os modelos europeus em todos os traços culturais e até na religião. A Igreja Católica Apostólica Romana é uma criação romana, como diz o próprio termo, nascida em um Império que impõe normas e comportamentos. O resto é como um efeito cascata;

---

24. Este "quase" é importante. É mais do que um detalhe, porque estamos falando de dinâmicas culturais, e não naturais. Na primeira redação desse texto, eu tinha escrito "...não estão registrados no DNA". Posteriormente, reli algumas pesquisas sobre o tema e escrevi um texto intitulado *Ma quale DNA?* (Barba, 2023), que fala de futebol e identidade, e por sorte consegui corrigir a expressão.

até mesmo as religiões afro, embora de origem diferente, sentem essa herança. Agora, há uma tentativa de "europeizar" até o candomblé. É por isso que hoje as religiões afro estão se embranquecendo no Brasil, é por causa desse coquetel genético romano. No entanto, prevejo um futuro brilhante; parece que elas sempre vacilam, mas mantêm a própria força". Pai Atualpa cita o trabalho de Hédio Silva para proteger os sacrifícios, a moção do Congresso Nacional que, graças à lei de 5 de janeiro de 2023 assinada por Lula, declarou 21 de março o Dia Nacional das Tradições de Raízes de Matrizes Africanas e Nações do Candomblé.

"O brasileiro é assim, aberto, acolhedor; a amabilidade, a simpatia, não são apenas de origem africana, derivam desse substrato europeu, que justamente vocês" — pede desculpas pela indelicadeza (imagina!) — "perderam".

"Porque, veja bem", diz, acrescentando com delicadeza, mas não sei o quão ele estava sendo sincero, "agora me lembro de você, quando esteve em São Sebastião em 1990". "Não somos hipócritas, não pregamos paz e igualdade apenas com as palavras, mas com os fatos, dentro dos nossos terreiros". Não há muito a ser feito, conclui: o Brasil é diferente.

Sou obcecado por esta reflexão; é uma pergunta para a qual não sei ou talvez não queira dar uma resposta: será que também aqui, e não de hoje, existe uma divisão entre "nós" e "os outros", entre os executivos que saem dos condomínios fechados e das mansões com seguranças para passar a noite nos bares da Vila Madalena bebendo caipiroska e gim tônica e os desamparados malcheirosos do Centro Histórico? Como pude não perceber isso durante todos esses anos?

Enquanto isso, nesses dias de janeiro de 2023, conheço Janaína. Embora signifique Iemanjá, é esse mesmo o seu nome, e esta é uma das várias coincidências que me ligam a ela. Janaína escreve livros sobre a religião dos inquices, que seriam as divindades dos bantos, que correspondem aos orixás dos iorubás, enfim, as divindades afro-brasileiras que me acompanharam nesses anos de pesquisa; estuda o papel do caboclo, personagem central no panteão dessas religiões; é mãe de santo, uma líder antirracista convicta e dirige o terreiro. Além disso, ou talvez principalmente, é filha biológica de pai Ataualpa. "Sim, é um desafio ser branco dentro de um terreiro", diz Janaína de Figueiredo. "É preciso ser constitucionalmente antirracista; só assim é possível superar os preconceitos dos afrodescendentes". Mais uma vez, com uma clareza desarmante, a narrativa do candomblé se me apresenta como uma chave para interpretar as condições sociais do Brasil e como possibilidade de superar os preconceitos raciais. Tantos anos atrás, o candomblé já me parecia central, decisivo para o crescimento de um país que parecia ter encontrado o instrumento para a convivência entre os povos, para a solução dos problemas sociais. Realmente um país do futuro.

"Não, não me lembro de você, me desculpe", me diz com polidez e coqueteria femininas. É claro, embora naquele longínquo dia de agosto eu fosse certamente o único "convidado" presente no festival dedicado aos inquices, nunca cultivei a presunção de ser lembrado por uma adolescente. Essa garotinha chamada Janaína chegou a assumir o cetro de rainha de uma comunidade, tornando-se filha religiosa, além de ser filha biológica de pai Ataualpa, representando uma família que há várias gerações detém o cetro do poder de uma comunidade de tradição afro-brasileira.

UM CULTO PERSEGUIDO
Em 1970, 90% dos brasileiros se declaravam católicos; em 1990, quando da minha primeira viagem, a cifra já havia caído para 81%. Trinta anos depois, segundo estimativas do Datafolha, é de 51%. Poderia parecer uma queda vertiginosa e desastrosa, se a percepção não tivesse permanecido a de um país com forte herança, tradição, simbolismo e até preconceitos de natureza católica. Enquanto isso, porém, os evangélicos — categoria que inclui as igrejas pentecostais — aumentaram de 9% para 31%.

Há ainda a categoria que abrange os "sem religião", os agnósticos e os ateus, que reúne entre 5% e 11% da população.

Cheguei à conclusão não particularmente original, mas ainda minoritária, de que é a origem africana que faz com que os agressores percebam a minoria "macumbeira"[25] como demoníaca. Isso apesar de, como já foi dito diversas vezes, hoje grande parte dos adeptos das religiões afro-brasileiras ser branca e de que, além disso, a maioria não católica dos afrodescendentes — isto é, negros e pardos, segundo a classificação do IBGE, Instituto Brasileiro de Geografia e Estatística — pertencer às igrejas evangélicas.

Não há dúvida de que o futuro das religiões afrobrasileiras depende de políticas públicas educacionais que devem reorientar os que perseguem o candomblé e demais religiões de origem africana. Ser filho de santo significa ser tolerante, aberto, antirracista e não apenas em palavras ou dentro das paredes de um terreiro; seria correto, por extensão, exigir tratamento igualitário dos que professam outras crenças.

Em minha penúltima viagem, em 2018, pude observar como o candomblé estava novamente sob pressão e cerco. Embora tivesse observado um grande sucesso e uma ampla penetração do culto, o preconceito nunca deixou de ter momentos de agressão explícita e violenta. Em determinada época, no início do século XX, foram os católicos que atacaram o candomblé, com o apoio da polícia e da elite "bem-pensante": esse nicho de africanidade em um país que queria se embranquecer e se europeizar rapidamente constituía um freio, um perigo e até uma afronta séria. Cerca de um século se passou e agora os inimigos são outros, ainda mais agressivos quando possível e mais perigosos. Com efeito, as religiões evangélicas se apresentam com

---

25. O termo *macumba* é pejorativo no Brasil. É usado para estigmatizar todos os cultos afro-brasileiros.

centros bem estruturados, com canais de comunicação sofisticados e desejo de constante expansão diante de um culto com pequenos centros, na maioria conduzidos de forma "familiar", e uma fragmentação de rituais, ideais e até mesmo propósitos.

Portanto, uma espécie de "guerra santa" está sendo travada contra os orixás, uma vez que são representantes de uma herança africana vista como primitiva, atrasada e violenta, que têm até mesmo a audácia de pregar sacrifícios de animais. Porém, acima de tudo, nessa guerra religiosa são incutidos discursos classistas e racistas que, no clima geral estabelecido nos últimos anos, encontraram um caldo cultural para ressurgir.

Embora seja verdade que os cultos afro, pelo menos desde a década de 1970, tenham se tornado transversais, envolvendo diferentes estratos sociais e, portanto, não mais apenas e simplesmente a grande população afrodescendente, essa percepção ainda está muito presente: afinal, o candomblé "é coisa de pobre, é coisa de negros". Nos dias de hoje, tem surtido efeito a acusação de prática de sacrifício ritual de animais, que o povo de santo passou a chamar estrategicamente de abate religioso.

Aqui estou eu diante do monumental Templo de Salomão, no bairro do Brás, em São Paulo, erguido pela Igreja Universal do Reino de Deus. Diria que é uma experiência um tanto chocante. Trata-se de uma suposta réplica do templo de Salomão, com pedras trazidas diretamente de Israel, com uma pompa e um tamanho realmente incríveis: uma construção absurda, de gosto duvidoso, que atesta o fato de que o sincretismo — tenho honestidade intelectual para dizer — nem sempre dá bons frutos. Especialmente no campo urbanístico.

A Assembleia de Deus, ou a Igreja Universal do Reino de Deus, igrejas pentecostais com grande número de fiéis, constroem megaigrejas, ou "megacatedrais", em áreas de grande concentração como estratégia para "marcar" o território e o espaço urbano.

A entrada por uma garagem subterrânea me fez sentir como se estivesse em um filme de 007 ou em um romance de John Grisham: uma inspeção muito cuidadosa — nada de celulares, câmeras, canetas —, guarda-costas musculosos e nervosos, uma atmosfera muito diferente dos terreiros relaxados e perfumados que eu conhecia. Ouvi o pastor tecer um longo e lamentável sermão sobre os tempos corruptos em que vivemos, entre uma reprimenda contra a homossexualidade desenfreada e um convite aos fiéis para não economizarem em suas ofertas, favorecidos pelo fato de que, naquele templo religioso, também se pode pagar com cartões de crédito ou débito. Que sorte!

Não é o caso aqui de aprofundar as razões de uma penetração tão forte: basta dizer que, segundo uma pesquisa do Instituto Datafolha de 2017, os evangélicos representavam 32% da população (o que corresponde a 66 milhões de brasileiros) e que se organizaram em uma verdadeira bancada, uma espécie de *lobby*, muitíssimo atuante no parlamento. Vale lembrar que, entre 500 deputados que compõem a Câmara Federal, 132 são da bancada evangélica. Já no Senado, são 14 — dentre o total de 81 senadores. Um recorde histórico.

As posições assumidas pelos deputados da bancada evangélica são mais do que previsíveis, com visões morais muito conservadoras, oposição radical a posições feministas e reivindicações LGBTQIA+, críticas ao darwinismo e propostas legislativas para reduzir as possibilidades vigentes na legislação brasileira para a interrupção da gravidez.

Entre as respostas que os evangélicos propõem, estão a resolução de problemas cotidianos por meio do pagamento de dízimos e ofertas. Há ainda referências religiosas como o demônio, a cura, a magia e a dimensão festiva, elementos muito presentes tanto no catolicismo popular quanto na tradição afro-brasileira.

Por outro lado, as igrejas evangélicas também passaram por muitas mudanças. Em certo momento, ainda na década de 1970, o modelo ideal das religiões pentecostais era o crente trabalhador, submisso à autoridade e modesto até mesmo em suas vestimentas, totalmente oposto ao consumismo predominante. O dinheiro era visto como algo diabólico, que levava à perdição. Com a mudança da economia, em meados da década de 1970, o setor terciário ultrapassou o industrial, que tinha sido o motor do desenvolvimento. O modelo ideal do trabalhador mal pago que produzia e se contentava com um salário baixo foi substituído pela nova figura do "consumidor", inserido em um mercado cada vez mais globalizado. Assim, no fim da década de 1970, nasceu a Teologia da Prosperidade e as chamadas igrejas neopentecostais, que revalorizaram o dinheiro e o consumo. Agora, Deus aprecia que seus filhos desfrutem de bens materiais e de sucesso. Essa religião estabelece pactos explícitos e uma troca de favores entre os fiéis e Deus, chegando ao ponto de inverter os termos da lealdade religiosa. Deus é fiel, lê-se nos adesivos afixados em tantos carros de São Paulo. Jamais uma religião pareceu se adaptar tão bem aos tempos modernos.

Seja como for, um abismo separa o candomblé das igrejas evangélicas: é a concepção da origem do mal. Em virtude do seu substrato africano, no candomblé o mal é indissociável do bem; é sua contraparte necessária. De acordo com o conceito evangélico tradicional, o mal é obra do demônio, que age no mundo independentemente do bem, do qual é o inimigo absoluto. Portanto, deve ser combatido e vencido. Hoje, o universo evangélico — na realidade mais complexo do que parece — abandonou a ideia de que o mundo seja uma fonte de pecado e tentação. Se, como dito, o projeto divino quer a felicidade na terra para cada fiel em termos de bens materiais, prazer e prestígio social, surge um novo inimigo contra o qual dirigir atenções, temores e acusações. Para um evangélico pentecostal, o diabo não é mais uma criatura distante, embora imanente, mas está à mão, decidido e próximo, visível e palpável. Está oculto sob a forma dos orixás do candomblé. A equação é simples: se os terreiros são antros de demônios, é preciso combater aqueles que vivem e trabalham neles, numa guerra sem trégua. A intolerância religiosa ganhou novos púlpitos; a intolerância racial fez novos partidários.

As religiões evangélicas penetram nas periferias e nas favelas e ganham espaço entre os mais pobres e menos instruídos. Para mim, é outra esperança que vai embora; outra ilusão que vejo se esvair: o povo é volúvel e também aceita as premissas de cunho arrivista e capitalista que o regime de Bolsonaro ajudou a promover.

No verão de 2018, às vésperas das penúltimas eleições, muitos sacerdotes do candomblé — pela primeira vez reunidos e de comum acordo — escreveram uma "carta coletiva contra Bolsonaro", acusando-o de "racismo religioso", contra "uma boa parte obscurantista da população (que) ainda nos discrimina". Foi, como se diz, "letra morta".

Enquanto puder fazê-lo, com os parcos meios de que disponho, tentarei defender o candomblé, que, na minha opinião, pode enfrentar a modernidade e as mudanças não totalmente desarmado: a elasticidade e a adaptabilidade fazem parte da história do culto, fundamentais para sua resistência, sua sobrevivência e sua posterior disseminação. "Sentir-se sob ataque", me disse Edna, uma filha de santo, "a longo prazo pode se transformar em uma vantagem, uma vez que obriga os seguidores a uma unidade de propósito que nunca ocorreu; para prosseguir com nossas reivindicações, somos obrigados a buscar alianças".

O encontro com Hédio Silva Junior, advogado, ativista dos direitos humanos, ex-secretário de Justiça do Estado de São Paulo, um preto grandão, carismático e aberto, sorridente e *bon vivant*, me deixou muito esperançoso em relação ao futuro do culto. Depois de me mostrar sua chácara, uma ampla propriedade no interior do Estado de São Paulo, e de oferecer um churrasco espetacular (já disse que nem sempre a vida do antropólogo é pontilhada de sofrimento?), Hédio Silva Jr. me concedeu uma entrevista longa e esclarecedora. Devem-se a ele a batalha e a vitória, sancionadas pelo Supremo Tribunal

Federal (STF), por meio de uma sentença em março de 2019: a oferenda de pratos de comida, inclusive os obtidos com o sacrifício de animais, é parte indispensável do ritual das religiões de matriz africana. Impedir a consagração seria uma clara interferência na liberdade religiosa, uma liberdade garantida pelo artigo V da Constituição.

No entanto, o problema continua. A disputa não terminou nos tribunais.

A luta foi amarga, e continua sendo: muitos líderes evangélicos "formaram opinião" ao enfatizar, de forma bastante incorreta, o caráter maligno, "demoníaco", violento e primitivo do sacrifício de animais. Parecia fácil, automática, a associação entre sacrifício e atraso, entre um ritual primitivo e afro e a superstição: um *tópos*, não apenas no Brasil. Esquecendo, é claro, o que o sacrifício representou em todos os cultos, inclusive no catolicismo.

O que me levou a pensar muito, em termos de relativismo cultural, é que houve um pretexto particular para defender a prática. Aliás, o sacrifício é realizado por praticantes especializados, os axoguns, que usam facas e movimentos apropriados para não fazer sofrer os animais, cuja carne é consumida pelos adeptos.

O volume de "vítimas", dizem os fiéis, é irrisório se comparado ao volume de carne abatida de acordo com a fórmula *halal*, que alimenta uma parcela significativa das exportações brasileiras de carne para os mercados de países de maioria islâmica, onde se pratica uma religião considerada de certa forma "superior". Em outras palavras, essa abordagem serve para enobrecer o culto afro-brasileiro — evidentemente, a maioria dos praticantes desconhece a polêmica que eclodiu na Europa sobre os "costumes bárbaros" de certos povos — e a nobre religião monoteísta do Islã de certa forma inocenta o sacrifício, tornando-o suportável e "civilizado". A reflexão não inclui as posições de vegetarianos e veganos, mas o respeito que o candomblé demonstra por todos é garantido, pelo que pai Agenor afirmou.

EM ETERNA LUTA

Raciocinando de acordo com os cânones ocidentais, esse ataque a uma religião minoritária poderia parecer inexplicável.

Os dados do censo mostram que a porcentagem de seguidores permanece quase insignificante em relação à população brasileira. Oficialmente, não passa de 2% da população. Mas é óbvio que se trata de um ataque simbólico de caráter racista: qualquer que seja a composição do povo de santo, o imaginário coletivo ainda faz dela uma religião afro ou "negra". O que eu disse antes sobre o candomblé como uma chave para entender o país é, mais uma vez, demonstrado claramente: durante um período, foi considerado lícito por muitos, na verdade bom e correto, voltar a atormentar a raça negra.

Assim, me parece claro como o árduo caminho em direção a uma mestiçagem concluída e acordada esteja longe de ser realizado, ou seja, ainda se trata de um percurso inacabado. A "fábula das três raças", que muitos proclamaram, e que atestaria uma coexistência pacífica das diferentes origens, é um mito profundamente enraizado, talvez realmente uma fábula. O poeta Olavo Bilac falava de "três raças tristes". Sempre achei que a diversidade fosse uma riqueza, inclusive no campo religioso, e que a coexistência não fosse uma utopia, embora hoje até o "meu" Brasil pareça estar dividido em dois, entre norte e sul, negros e brancos, filhos de santo e evangélicos.

Novos impulsos de soberania se somam ao racismo endêmico. Apesar de continuar sendo o continente desaparecido, a América do Sul não pode permanecer totalmente isolada.

No entanto, Bolsonaro merece crédito. Eu sei, o que estou dizendo é loucura, mas seu triste governo possibilitou que viesse à tona um vespeiro, um universo de pessoas medíocres e desprezíveis, que estava fumegando nas penumbras da sociedade brasileira e que muitos — incluo-me nesse grupo de pessoas ingênuas — não tinham percebido totalmente ou não queriam.

Releio meus escritos anteriores: é verdade, nunca deixei de apontar, com minha voz longe de ser influente, que o mito da coexistência pacífica, de uma paz social que a miscigenação teria favorecido, deveria ser desmantelado. No entanto, deixei-me levar pela eficácia persuasiva dessa imagem de concórdia; uma imagem que não gostaria de abandonar, mas que devo rever e discutir novamente para tentar decifrar o "caso Brasil". O que não me assusta: minha abordagem do assunto sempre foi marcada pela humildade de quem sabe que não sabe.

O racismo brasileiro ora é oculto e inconfessável, ora é explícito e estridente, mas felizmente nunca deixaremos de discuti-lo, e isso, comparado a sociedades que descartam a questão com irritação, negando as evidências — "aqui não existe racismo" (será que nos reconhecemos na expressão?) —, é certamente um bom ponto de partida.

Resumindo, como digo aos meus alunos, vamos estudar *Casa-grande & senzala*, de Gilberto Freyre, e *Raízes do Brasil*, de Sérgio Buarque de Holanda, mas principalmente para dizer que os mitos da democracia racial e do racismo cordial são mitos, ou seja, relatos construídos, historicizados, às vezes utilitários. Longe de ser inúteis: explicam muitas coisas, mas omitem muitas outras.

No entanto, gostaria de afirmar que ainda tenho o desejo de continuar explorando esse mundo e um país que possibilita a compreensão direta, visível e imediata de certas dinâmicas de transculturalização;[26] que valoriza produtos híbridos, sejam eles pessoas ou traços culturais, que expõe sua miscigenação sem véus, pudores ou falsas alegações de pureza ou

---

26. O termo "transculturação" foi usado pela primeira vez pelo cubano Fernando Ortiz em *Contrapunteo cubano del tabaco y el azúcar*, que recebeu o prefácio do grande antropólogo Bronisław Malinowski. O sufixo "trans" assinala a passagem e a reciprocidade do processo de *do ut des*.

autenticidade. A originalidade da cultura brasileira, sua peculiaridade, reside justamente em seu caráter "híbrido". Se, em muitos aspectos da cultura, prevalece um elemento de origem diferente, não há dúvida de que seja a africanidade — uma africanidade recriada e reinterpretada — que caracteriza muitos de seus traços, a começar pela religião.

Em outras palavras, gostaria de contribuir o máximo que puder para o aprimoramento de uma cultura que amo não só pelo que ela me proporcionou — gratidão e de certa forma egoísmo —, mas justamente por sua riqueza intrínseca.

Para salvar o Brasil dessa onda de obscurantismo que, esperamos, logo se interrompa, será necessário que os jovens praticantes — o Brasil é, felizmente, um país jovem — assumam o testemunho dos grandes pesquisadores e divulgadores do culto, de Raimundo Nina Rodrigues a Manuel Querino, de Edison Carneiro a Roger Bastide, de Pierre Verger ao meu amigo Reginaldo Prandi.

O candomblé me ensinou uma certa ideia do Brasil, e espero que possa continuar seu papel como um símbolo eficaz para revelar muitas dinâmicas socioculturais deste maravilhoso país.

REPENSANDO

Enfim, que tipo de homem é este que anda por aí, pelas cidades brasileiras? Não é mais o garoto de então, claro, e ele está decepcionado com várias coisas. Mas isso não interessa a ninguém. Ou melhor: a pouquíssimos. O que importa aqui é saber que efeito podem ter tantas reiteradas experiências nos mesmos lugares, ao longo de tantos anos, e como mudam as situações, as visões e perspectivas. Não pode existir uma objetividade total ao contar o que se vê: independentemente da chamada realidade, um italiano perceberá aspectos diferentes em relação a um nativo, a um boliviano ou a um norueguês; assim como terá conclusões diferentes dependendo se tem 20, 40 ou 60 anos de idade.

Quando algum brasileiro me diz que pareço conhecer o país melhor do que ele, naturalmente sinto uma onda de orgulho, ao mesmo tempo que admito que, na realidade, o conhecimento é um percurso longo que nunca termina, mas que também não é linear, não busca um objetivo, um destino. Quanto mais me aprofundo neste país e nas suas cidades, quanto mais leio e estudo a respeito, mais me parece voltar ao ponto de partida, ou de qualquer forma, ter perdido muito tempo.

O homem em questão — ou seja, eu — continua a se perguntar sobre racismo, corrupção, desigualdades sociais, fascismos; experimenta uma constante inquietude e desorientação; sente desconforto e, às vezes, escrúpulo quando lhe pedem para falar sobre seu mundo, dos fatos e das pessoas que encontrou no decorrer da sua vida. Não que isso não seja um prazer e, em alguns casos, inclusive uma missão, um dever: afinal, os antropólogos são pagos para contar teorias apoiadas na experiência direta; mas acho que me tornei um pouco escrupuloso — ainda bem que tudo é temperado pela generosidade — com a ideia de compartilhar a história de encontros tão pujantes e cruciais.

Na verdade, acho que esse desconforto — sabe o olhar de um passageiro que viaja à sua frente no trem, encostado à janela, cuja pupila pulsa e se move freneticamente? É isso, me sinto assim, talvez por causa da minha incapacidade de resumir em frases concisas o que é o Brasil, o que o Brasil me deixou. Mas, no fundo, sou um "dinossauro", ou um "fantasma" do século XX, um *boomer* que não se adapta aos novos tempos: embora não seja uma tarefa fácil, acho mais agradável escrever um livro do que um *tweet*.

E tem mais: sempre que entro em contato com situações e pessoas que me remetem aos grandes temas da antropologia — identidade, dinâmicas da mudança, hibridismo, racismo —, sinto a forte tentação de comparar o incomparável. Isso leva a um novo paradoxo: a classificação excessiva de um país que brada não querer se classificar.

Nesse aspecto, me sinto menos culpado: afinal de contas, a Antropologia nasceu para comparar. Caso contrário, seria uma pesquisa etnográfica estéril de bizarrices exóticas, uma folclorização do diferente, o que certamente faz sentido, mas limita muito o escopo de uma disciplina. Ou seja, que lições podemos aprender com o estudo de ritos de iniciação, das dinâmicas de grupo, das estruturas comunitárias, dos motivos que levam um mito se impor e outro não, se não trouxermos tudo para uma simbologia que nos é familiar ou vem a sê-lo? Quando ouço um brasileiro reclamar de certos elementos que persistem em sua cultura — a corrupção, o racismo, a ascensão de posições fascistas —, não posso deixar de pensar na minha (nossa) situação como europeu e italiano. A elaboração desse pensamento se reflete em uma expressão extemporânea que, embora declinada de várias maneiras, posso resumir da seguinte forma: "Por quê? Você acha que na Itália é diferente?"

Embora não tenha estudado o racismo de forma específica e profunda, mesmo que nunca tenha me considerado um especialista no assunto, o tema sempre esteve presente e premente, muitas vezes de maneira transversal. Falar de candomblé, miscigenação, hibridização, música sincrética e fenômenos como o movimento antropofágico ou tropicalismo significa tocar no assunto, ter de lidar com ele. Claro que o racismo aqui é, de certa forma, diferente; a história do povoamento do Brasil é única. A "invenção" da coexistência pacífica é uma construção, uma "ficção" em termos antropológicos, cuja responsabilidade recai sobre autores como Gilberto Freyre, mas também sobre uma infinidade de intelectuais brasileiros que, ao longo de todo um século, perpetuaram essa imagem suavizada de forma hegemônica, raramente combatida de forma eficaz.

Mas não quero ser mal interpretado: sempre tive a consciência de viver em um país que certamente não se esqueceu de suas próprias falhas, de seus pesados legados em termos de exploração, desigualdades e violência. O que é diferente, em comparação com outros lugares que conheci, é a desenvoltura com que sempre se tentam minimizar certos desequilíbrios, atribuindo-os à inevitabilidade de certos acontecimentos. Chamar o racismo de "fenômeno estrutural da sociedade brasileira" pode implicar um resignar-se ao fatalismo, talvez fixá-lo em uma dimensão atemporal e eterna. Mas será que isso é bom para a causa? Recentemente, em um livro esclarecedor, e polêmico, *O fascismo da cor: uma radiografia do racismo nacional*, o sociólogo e jornalista Muniz Sodré se aventurou em uma reflexão, de certo modo, alinhada em parte às minhas próprias experiências.

Segundo escreve Sodré, o racismo hoje está ligado a lógicas complexas, até novas e ligadas às ideias do fascismo europeu.

"Se fosse estrutural", afirma com certa ironia, "já teria sido derrotado: no Brasil, as estruturas jurídicas e econômicas não funcionam, então por que a única que funcionaria seria o racismo?" A "forma social escravagista" que me parece ainda permear a cultura brasileira, como pude observar em todo o Nordeste, mas particularmente em Salvador, foi a fonte de manutenção da economia brasileira e, por mais dramático que pareça admitir, a melhor forma de organização do país. Mas, na realidade, a abolição de 1888 pôs fim à sociedade escravocrata e, portanto, à "estrutura" escravocrata. Mas o racismo não acabou e permaneceu ligado a outras lógicas que o institucionalizaram por meio de um mecanismo perverso: a negação.

Negar tudo, até mesmo as evidências, tornou-se um mantra para muitos intelectuais; enfatizar os mecanismos de acolhida, a hibridização, a práxis da "antropofagia cultural", a narrativa da democracia racial. Daí surgem as dificuldades em combatê-lo: porque está oculto nas dobras da sociedade, porque não é explícito nem estrutural — como na África do Sul ou nos Estados Unidos —, porque é até mesmo negado. É claro que, desde a abolição, o Estado não mantém leis racistas, assim como não há explícitas leis econômicas racistas. Caso existissem, para Sodré, seriam estruturais. Mas a discriminação existe, e como: a escravidão acabou, mas surgiu uma forma social escravocrata, que mantém a escravidão como uma ideia de discriminação inevitável.

O racismo brasileiro é, portanto, uma construção, uma imagem autorreferencial, uma projeção por meio da qual a sociedade se representa. Traduzindo: as classes dominantes se percebem como brancas — conheci muitos afrodescendentes que fazem parte do *establishment* e pouquíssimos deles defendem a causa do movimento negro —, de origem europeia, cristã. Não tem nada a ver com os negros do candomblé. Lembro-me de como Pelé, um preto por excelência, e nos dias atuais, Neymar, um pardo explícito ou talvez um pouco menos, traçaram esse modelo, que se opõe ao que é inegavelmente percebido como negro. É entre as dobras dessas imagens que se desenvolvem os mecanismos linguísticos e os da relação do negro com a sociedade. Como diz Sodré, "a aparência cria a forma".

O patrimonialismo, exercido pelas grandes famílias, muitas delas italianas, torna-se a âncora, a válvula de segurança. Esse tipo de comportamento está bem claro na minha cabeça porque uma parte da minha família, com o qual mantenho uma relação bastante tênue, se tornou proprietária de terras no interior do Estado de São Paulo. A gravidade dessa postura reside no fato de que, como já dito antes, pode envolver e influenciar até mesmo o negro rico, que se torna racista em relação a outros negros que são pobres. Em suma, o ditado "você é sempre o negro de alguém" é cumprido em sua mais perfeita plenitude até no Brasil.

Como já disse, este país mudou nesses 30 anos, e não apenas na minha percepção. Por exemplo, os complexos fluxos globais me parecem ter colocado em primeiro plano um individualismo e um egoísmo de natureza europeia que não havia visto em minhas primeiras viagens. Na época, tive a impressão de que prevaleciam diferentes visões, a começar pelo altruísmo, pela generosidade e pelo sentimento de comunidade. Como diz meu amigo e colega Marco Aime, esse último termo, "comunidade", tem o sabor de coisas passadas e pequenas. O Brasil é imenso, mas naquela época, 30 anos atrás, a dimensão de comunidade me parecia predominante: os terreiros, os bairros homogêneos, os italianos do Bixiga de São Paulo, até mesmo as torcidas, e principalmente o movimento "afro": tudo me parecia menor, mais à mão, mais coeso e menos fluido. Até mesmo as dinâmicas do racismo pareciam mais visíveis, mais decifráveis: o medo físico do negro vigoroso — com a mitologia sexual anexada —, a cultura afro como portadora do atraso, da degradação, ignorância, fetichismo, diante de uma classe média branca com conexões políticas. Hoje, a transversalidade é muito mais acentuada, assim como o caráter contraditório de determinadas situações: há pessoas ateias, que não acreditam em nada, mas que têm medo do candomblé. O preconceito pode chegar até este ponto. No entanto, o meu Brasil, não apenas a minha Bahia, e não apenas por razões de pesquisa "científica", não pode ignorar a contribuição da comunidade de origem africana. Uma posição existencial, mais do que uma percepção.

Nada no Brasil, ou muito pouco, teria me atraído se eu não o tivesse visto e experimentado por meio desse sopro vital africano.

É por isso que o tema do racismo entra em tudo, mesmo que eu não queira, em todo passo que dou, em todo candomblé e em todo passeio pela cidade; no estádio, entre os torcedores do Corinthians ou do Flamengo, assim como em cada aparição tímida na Boca do Lixo em São Paulo ou na "Pequena África" do Centro do Rio.

Por outro lado, sempre acreditei que as expressões cotidianas inocentes, como neguinho, negão, preto e moreninho, revelam melhor a verdadeira essência desse modo de ser antirracista do que muitas expressões do falso politicamente correto.

Existe um relato, bem no espírito da metrópole, em que o negro pobre sai de casa preocupado que os brancos estejam aflitos com a possibilidade de encontrá-lo. Sem me deter muito nas estatísticas, que não são minha especialidade, 77% das vítimas da polícia são pretas. Como ler esses números a não ser afirmando que a miscigenação é uma miragem e que grande parte da população brasileira é racista? Hesito, mais do que nunca indeciso: será que sonhei até agora? Será que me deixei influenciar por uma leitura apressada dos clássicos, por uma mitologia superficial, será que vi coisas que não existiam, que não vi coisas que deveria ter visto?

Tenho certeza de que não me esquivei de nenhuma experiência brasileira, nesses muitos anos que frequento o Brasil. É a classe social que parece atuar como categoria autoperceptiva, como categoria de análise. No Brasil, sempre ouço que "os discriminados são os pobres, não os negros". Então vem à minha mente que o racismo seja um animal estranho, um demônio onipresente e inerente, quase intrínseco — não disse inevitável — ao homem. E hoje, mais do que nunca, em todos os lugares, inclusive na Itália, o racismo tem várias faces, milhares de ocasiões de se manifestar.

Acredito que chegar o mais perto possível das pessoas seja a maneira mais direta de entrar não apenas no coração do problema, mas de "ouvir" a voz dos protagonistas. Ficar ao lado, participar, compartilhar: não se trata de uma metodologia nem de uma filosofia. É a única coisa que consegui fazer para tentar me colocar na pele dos outros. Talvez tudo isso se chame empatia.

Graças à sua heterogeneidade, o Brasil oferece essa oportunidade de "aproximação", de "encontrar" pessoas e trocar continuamente impressões e opiniões em todo lugar, a todo momento, em qualquer circunstância. Talvez tudo isso se chame oportunidade.

PALAVRAS-CHAVE
O Brasil me revelou o sentido e o significado de certos termos fáceis de estudar em textos, porém muito mais difíceis de entender. Esqueci (mas não me lembro onde e não consigo encontrar nenhum vestígio na internet) uma referência que ouvi e que adotei como própria. "O Brasil nos transforma em pessoas inteligentes", teria dito o famoso historiador francês Fernand Braudel. Em outras palavras, o Brasil possibilita que decifremos determinadas realidades de forma mais direta e completa.

Por outro lado, ao ler esses textos, parece que a miscigenação seja um fato natural e adquirido há muito tempo. É uma pena que o imaginário coletivo, na Itália e em outros lugares, ainda esteja repleto de expressões aberrantes como "substituição étnica" ou de termos incômodos como "pureza", "tradição", "DNA", "origens" e "identidade". Certamente, não sou capaz, nem seria minha intenção, desconstruir esses conceitos, mas me parece coerente apontar e enfatizar sua multidimensionalidade, sua fluidez, sua plasticidade e sua variabilidade contextual. O Brasil contribui com firmeza para propor novas visões e acelerar a compreensão de certos neologismos.

Vejamos o termo "transculturação", proposto pela primeira vez por Fernando Ortiz em *Contrapunteo cubano del tabaco y el azúcar*. Na introdução, Malinowski enfatiza que a transculturação seja um substituto ideal para outras expressões correntes — na época, em 1940, e agora — como aculturação, difusão, mudança cultural, que sempre denotam uma postura etnocêntrica. A vantagem do termo, afirma Bronisław Malinowski, é revelar que todo encontro é um processo em que "sempre se dá alguma coisa em troca do que se recebe". As culturas que entram em contato são ativas, trazem suas próprias contribuições e cooperam com a recriação e a reinterpretação. Ou seja, essa dinâmica produz novos fenômenos culturais, exatamente, diz Ortiz, "o que acontece na cópula genética dos indivíduos: o ser humano sempre tem algo de ambos os pais, mas também sempre é diferente de cada um deles". Não foi isso, talvez, o que aconteceu no Brasil entre europeus, indígenas e escravizados? Não seriam talvez o candomblé, o samba, o futebol, a comida, tudo o que mencionamos neste modesto livro, a demonstração desse processo de mudança a que chamamos — também — de hibridização, mestiçagem ou miscigenação?

Outra coisa que o Brasil ensina é que a globalização e a variedade não são mutuamente excludentes: a multiplicidade de opções artísticas, musicais e gastronômicas, o número de estímulos visuais e perceptivos, a diversidade da origem das pessoas e dos objetos o atestam de maneira incontestável.

O Brasil me fez sentir como o outro lugar pode ser um estado existencial, e não um lugar. "É um outro aqui", como diz o filósofo Byung-Chul Han, e, ao mesmo tempo, o motor de uma nostalgia que não pode ser comparada à angústia, mas, sim, a uma certa desorientação necessária. O crescimento que nasce da viagem, do mal-entendido ou "da arte de não se entender", como diz Franco La Cecla, da consciência da impossibilidade de traduzir as culturas que, no entanto, prepara o espaço para o confronto. Nesse ponto, a falta de entendimento torna-se um fator de conhecimento.

O Brasil sempre me pareceu um hipertexto, mesmo quando eu não tinha consciência disso, quando a internet não existia ou tinha acabado de nascer. A "página do Brasil" é tão cheia de *links*, conexões, janelas e divagações que é impossível imaginar uma leitura linear, plácida e estática. A inquietação permeia a navegabilidade da página: a tela hiperativa é o símbolo *multitasking* da exploração dessa cultura. Uma ferramenta, um instrumento, uma arte não são suficientes para narrar o Brasil.

O tema da identidade também se presta a uma análise nada trivial no Brasil. É uma espécie de sessão psicanalítica perpétua a que os brasileiros se submetem: fetichistas do Terceiro Mundo, negros (mesmo quando nos parecem brancos), brancos (mesmo quando nos parecem negros); católicos e filhos de santo, italianos e paulistanos. Uma miríade de percepções os domina, uma constante elaboração de autopercepções os atravessa. A identidade é uma questão de relações, de equilíbrio, de narrativas: no Brasil mais do que em qualquer outro lugar. Assim como me pergunto constantemente para qual país estou olhando, faço o mesmo com as pessoas que conheço, chegando à conclusão de que nenhuma das características que parecem se destacar para mim é, na verdade, mais condicionante do que outras.

Os brasileiros, pelo menos a maioria, conseguiram superar a apropriação cultural a que foram submetidos;

transformaram a violência em acolhimento; o estupro em mestiçagem; a tolerância e a cortesia (quando existiam) dos conquistadores "bondosos" em afabilidade — um dom criativo, aberto e construtivo.

Com exceção de uma minoria com a qual continuo a me relacionar e a conversar, o projeto da miscigenação é rejeitado de forma explícita, até ridicularizado, na melhor das hipóteses tolerado, em nossa Europa.

Sabe-se muito pouco sobre os processos socioculturais, da miscigenação cultural ou do sincretismo religioso do Brasil. Poucos sabem como, após a abolição, sem medo de sujar as mãos, o país foi capaz de se revolver no híbrido, no impuro, no contaminado. Na Itália se desconhece como, no início do século XX, até no Brasil tenha havido visões comparáveis às da maioria da população europeia de hoje. Imbuído de um racismo positivista, o acadêmico Raimundo Nina Rodrigues, por exemplo, acreditava que os africanos, os escravizados e seus filhos não conseguiam superar seu fetichismo costumeiro e endêmico. Será que não reconhecemos os ecos das visões sinistras de hoje?

Sempre tive esperança de que o Brasil viesse até nós; em 2023, descubro que a Europa — suas tensões, seus fascismos, inquietações — chegou até lá.

Eu acreditava, e espero ainda, que a força dessa ideia universal, mas nunca expressa em outro lugar de forma tão eficaz, viria para varrer tudo, como um rio em inundação ou uma avalanche. Estava errado: no mundo e na Itália (por enquanto), quem vence são aqueles que negam essa realidade, que preferem fronteiras bem definidas às fronteiras como lugar de diálogo; que amam os muros e odeiam o fluxo de homens e ideias, mas não o de mercadorias; aqueles que afirmam "não é verdade que somos todos iguais", que dizem "não queremos mudar nossa identidade"; justamente aqueles para quem "devemos nos defender do perigo da mestiçagem".

Será que eu estava errado? Será que naufragou essa ideia que acreditava ter vindo do Brasil ou, pelo menos, que convenceu a todos de sua eficácia e sua plausibilidade graças ao Brasil que eu havia estudado?

Também acreditei que meu Cristo poderia ser como meu orixá, que as igrejas que conheci fossem como terreiros: lugares livres de discriminação, classismo, egoísmo, e que meus "irmãos de santo" poderiam ser o modelo para muitos católicos. Porque, na minha opinião, um cristão que não sente um chamado para acolher, para ajudar o próximo e ter compaixão humana nunca poderá se considerar um bom católico.

Pensava — e também estava errado — que nossa Magna Grécia, nossos vilarejos já inconscientemente multiculturais, nossos pratos, enfim, que tudo isso poderia transmitir com eficácia a ideia de que a crioulização do mundo já vem ocorrendo há bastante tempo e que, portanto, poderíamos olhar para o Brasil — que exalta e representa esses processos conscientemente — com menos arrogância e menos apetite pelo exotismo. Gostaria de que eu e meu Brasil fôssemos mais compreendidos, e não apenas pelos poucos leitores de meus modestos livros ou pelos meus alunos; e certamente não por ambição pessoal, ou sabe-se lá por qual retorno de imagem, mas simplesmente porque gostaria de compartilhar o entusiasmo que descobri, o desejo desse povo de se representar de forma diferente, como uma oportunidade.

Lembro-me de que, em 1991, Caetano Veloso se apresentou no Estádio Municipal, em Turim. Havia pouquíssimo público. Em determinado momento, as luzes se apagaram, prejudicando o show. Para mim, que tinha acabado de voltar da minha primeira experiência no Brasil, aquela apresentação malsucedida me pareceu a metáfora certa do "desencontro", da falta de interesse não tanto por um artista daquele porte, quanto pela cultura brasileira, ou pelo menos por aqueles aspectos que não fossem os comentados de maneira excessiva: Carnaval, mulatas, futebol. Nesse meio tempo, Caetano se tornou muitíssimo popular entre nós, porém, essa popularidade se deve mais àquela participação especial no filme *Fale com ela*, de Pedro Almodóvar, em que ele canta "Cucurrucucú paloma", hipnotizando o público, do que à consistência do seu pensamento e à sua relevância sociopolítica. Para além do sentido metafórico, o sucesso mundial de Caetano demonstra que entrar no *mainstream* — neste caso, um filme de sucesso — é muito mais eficaz do que anos de reflexão profunda sobre o grande sistema. Em outras palavras, me sentia um pouco desconfortável quando alguém me perguntava se eu conhecia Caetano Veloso, o cantor de "Cucurrucucú".

Na época, com certeza não notei naqueles episódios a semelhança com tantas dinâmicas atuais que nos afetam de perto: no fim da década de 1980, o racismo na Itália parecia algo distante, condenado por todos. Seja como for, era pouco visível.

No Brasil, as coisas mudaram rapidamente e continuam a mudar. Como disse, presenciei aquele momento que parecia ser de aceitação entusiástica do que era africano de origem e mestiço por vocação. Por sugestão de Reginaldo, comecei a estudar Roger Bastide e suas expressões muito eficazes: "religiões em conserva", "sincretismo em mosaico", "sincretismo por correspondência", "reinterpretação", "cisão". Reflexões que, no Brasil, até parecem obsoletas e ultrapassadas, para nós, são conceitos ainda inéditos, adequados para interpretar a realidade mais do que pensamos. Resumindo, a ideia de que o país viaja em várias velocidades, dependendo se estamos falando de economia, sociedade, literatura ou religião, encontra sua enésima confirmação.

Refletir sobre miscigenação levou-me a me deparar com várias perspectivas, vários autores, várias interpretações. Em setembro de 2019, pouco antes de a pandemia nos deixar em um autismo intelectual devastador, tive a sorte de me encontrar em Paris com Antônio Sérgio Alfredo Guimarães, que, com rara clareza expositiva, me ajudou a elaborar o conceito da mestiçagem. Um conceito mais fácil de explicar por meio de imagens, metáforas, degustação e audição, ou seja, com os sentidos.

Segundo Guimarães, a mestiçagem, ou miscigenação, é, antes de tudo, uma narrativa que se difundiu ao longo de boa parte do século XIX, veiculada por um projeto intelectual das elites culturais, que contrasta com o ideal de "nação branca", que nunca desapareceu. O ex-general presidente João Baptista Figueiredo, que governou o Brasil entre 1979 a 1984, costumava dizer que preferia o cheiro de seus amados cavalos ao do povo.

Foi o projeto da Unesco[27] de 1950 que promoveu a elaboração da imagem da democracia racial, da "unidade abrangente" do país, e iniciou o processo de construção de uma identidade nacional positiva. Deve-se observar, entretanto, que desde o início muitos intelectuais brasileiros reconheceram a natureza mitificadora dessa narrativa, afirmando que o "preconceito de cor" não se devia à classe, mas à raça. Reconheço que, com o agravamento do clima social e político, também percebi isso com atraso.

De acordo com as estatísticas do IBGE, cerca de 45,3% da população brasileira[28] se define como parda, ou seja, mestiça ou miscigenada. Entre esses 45,3%, porém, existe uma clara divergência em relação ao significado desse pertencimento. Trata-se de uma escolha oportunista, ambígua, ou de uma reflexão consciente? Na prática, quem se autodefine como pardo pode escolher fazê-lo a fim de reivindicar direitos porque são socialmente marginalizados; porque se percebem, por exclusão, como não brancos e não negros, não indígenas, não asiáticos. Resumindo, é um mundo fluido, que se, por um lado, reflete uma mobilidade real da fronteira da cor, da percepção,

27. Conduzido entre 1951 e 1952, o projeto pesquisou as "relações raciais no Brasil". Concluiu que existia no país um *preconceito racial ou de cor*, mas citou a classe, e não a cor, como princípio organizador das relações sociais.
28. De acordo com os dados do Censo de 2022, 55,5% da população brasileira se identifica como *preta* ou parda: 45,3% como parda; 10,2% como *preta*. Ainda segundo o Censo de 2022, 43,5% da população se identifica como branca; 0,6% como indígena e 0,4% como amarela. Estas são as categorias oficiais de classificação do IBGE.

do imaginário coletivo, pode vir a impedir as ações afirmativas e o regime de cotas raciais.

Nessas avaliações, sempre oscilo entre a tentação de mergulhar nessa realidade específica e peculiar e a obsessão pela comparação, conforme já disse. Hoje me parece possível, e até correto, pensar nas ferramentas interpretativas utilizadas no Brasil como apropriadas para outros contextos. Como o que Roger Bastide chamou de "estratégia de resistência" cultural e social do africano, que de fato constituiu a gênese do sincretismo brasileiro. Assim como a adaptação progressiva das marcas da africanidade pode nos ensinar algo. Como que as histórias de opressão e deslegitimação — refiro-me a traços culturais e até a pessoas — podem levar finalmente a uma aceitação e, de fato, a um acolhimento caloroso: sabe-se lá o que vai acontecer com as manifestações culturais e religiosas trazidas pelos outros, que agora parecem "contaminar" a nossa Velha Europa...

Apesar das "nuvens" escuras que permeiam aquele céu que me parecia azul e uma fonte de prazer estético, ainda estou convencido de que a miscigenação seja o melhor de todos os modelos de desenvolvimento "comunicativo", porque atende à vocação humana para o diálogo.

É verdade, faço uma pausa para pensar, afinal isso é teoria, história cultural, uma bela narrativa que acabamos de ver como é contestável enquanto mitificação. Jamais, como neste verão austral de 2023, me pareceu tão claro existir uma fenda entre o que está sendo dito e escrito por um grupo muito influente de intelectuais — lembro que as palavras de Malinowski e Ortiz sobre transculturação datam de 1940 — e a opinião pública (e política) de países como Itália, Brasil e Estados Unidos.

Nesses países, há uma tendência à aceitação benevolente das manifestações culturais do negro, contanto que, em termos sociais, permaneça em seu lugar, em um patamar inferior.

É claro que a realidade sempre parece contraditória. Não sei se um dia será reconhecido o papel e o mérito dos "nossos" imigrantes irregulares, "nossos" migrantes, de agentes culturais involuntários de uma mestiçagem de contornos indefiníveis e inimagináveis. A miscigenação não é, e não tem, uma estratégia, a não ser a de "resistência"; é necessário não extinguir os traços culturais que "merecem" sobreviver.

NO FIM DA VIAGEM

No crepúsculo da minha trajetória pessoal, passei, portanto, por afetos, amores, personagens, situações psicológicas, mudanças políticas e de perspectiva. E por outros ritos de passagem, ou seja, outras situações no campo que, como nos ensinam os famosos *Diários* de Malinowski, nem sempre remetem a experiências agradáveis.

Vou resumir essas etapas.

Em 1990, a pergunta que faço para mim mesmo é: o que levo para casa?

Em 1992, o Brasil torna-se meu: experiências mais abrangentes, a percepção de saber mais sobre a situação que estudo, a euforia do movimento anti-Collor.

Em 1999 e nos anos seguintes: encontros eletrizantes, imersão total no candomblé, viagens, descobertas de várias cidades e regiões que me deram uma visão mais completa, mas sempre imperfeita, desse país-continente: Brasília, Florianópolis, São Luís, Manaus, Belém e Amazônia, Recife, Olinda, Fortaleza, Belo Horizonte, Ouro Preto. Tenho certeza de que estou omitindo algumas.

Em 2012, viro "baiano *in pectore*", pois aquela experiência com os Filhos de Gandhi era desconhecida e incomum até mesmo para todos os meus amigos brasileiros.

Em 2018, o orixá se torna militante e consigo mergulhar em uma realidade totalmente inesperada: o retorno da perseguição e do racismo de caráter étnico-religioso.

Em 2023, se realmente precisasse resumir com uma expressão, chega o momento das desilusões. Mas não do fim da esperança.

Vi lugares extasiantes, mas sempre e em todos os lugares foram as pessoas que mais contribuíram comigo, que me ofereceram o mistério desta terra, que amo mais do que conheço, irracionalmente, como já amei mais de uma mulher: sem saber quem realmente fosse.

Vi lugares que têm o mar como destino: o mar que deu vida, o mar que trouxe infortúnios, o mar cantado, celebrado, o mar onde vive Iemanjá, o mar que é Iemanjá, que dá e tira.

Compreendi o desejo de futuro desse país tão jovem em tudo: historicamente, demograficamente, democraticamente. E também inquietação que o permeia, tanto em relação ao que está por vir quanto ao que já aconteceu: não é apenas um bordão, mas uma verdade: "No Brasil, até o passado é incerto".

"Mas o que é então o Brasil?" Uma pergunta que já tinha feito a mim mesmo muitos anos atrás. É aquele país que continua a oferecer criações culturais inéditas e impensáveis, como o gênero musical sertanejo universitário, que combina a tradição "caipira" com a modernidade das guitarras elétricas e dos saxofones; aquele país onde não consigo comprar um pacote de balas sem usar o cartão de débito; aquele país que insiste em apresentar restaurantes de luxo nos quais os cardápios incluem, como carros-chefe, pratos como a carne de sol e a feijoada? (o primeiro é a reelaboração da comida dos retirantes do Nordeste; já o segundo reelabora o que comiam os africanos escravizados). É também o país do vira-lata — o complexo de inferioridade — ou do orgulho desenfreado que leva à arrogância, como a Seleção nos faz suspeitar a cada Copa do Mundo? Do racismo estrutural ou do racismo "intersticial", do passado que não passa, dos fazendeiros e escravagistas ou dos empresários e banqueiros da Avenida Paulista, da Cracolândia ou de Ipanema, de Bolsonaro ou de Lula? De Gabriela, "perfume de cravo, cor de canela" ou do esquadrão da morte de *Tropa de elite*?

Ao final dessa viagem, sou arrebatado por emoções, dúvidas, sorrisos, medos e saudade, muita saudade, e ainda não tenho uma resposta. Uma sensação de incompletude e insatisfação paira sobre mim. Parece que preciso voltar mais uma vez ao Brasil para ter mais clareza.

AGRADECIMENTOS

Este texto contém todo, ou quase todo, o "meu Brasil", mas também grande parte da minha vida profissional, emocional e afetiva. Gastei muito esforço, muita emoção, muito sentimento, amor e lágrimas neste país, mas recebi mais ainda.

    Agradeço a todos que, conscientemente ou não, me deram algo imensurável: calor humano, amizade, sugestões de reflexão. Emoções ininterruptas.

    Não posso deixar de começar por Reginaldo, sem o qual não só este livro, mas toda a minha experiência brasileira, e até a minha vida, teriam tido um sentido completamente diferente.

    Gostaria de agradecer também à Gra, à Dea e à Fra, à tia Maria e ao tio Nino, que não está mais entre nós, que formam a minha família brasileira; ao amado Flávio Pierucci, que jamais esquecerei; ao Armando V., pelo carinho e pelo apoio espiritual; e a todas aquelas pessoas, de Riccardo M. a Carlos Alberto A., de Rodrigo F. a todos os sacerdotes e filhos de santo, que estão presentes nestas páginas de várias formas e em várias funções. Assim como Luca Meola e Christian Giordano, irmãos recém-adquiridos.

    Uma lembrança especial vai para:

    Chicco, Michela, Roberta e Carlo, que formam minha família italiana.

    Luisa Faldini e os colegas do Jacarandá, a começar pela saudosa Anna Casella.

    Marco Aime e Gaia Cottino, e os colegas do Departamento de Ciências Políticas e Internacionais da Universidade de Gênova, com quem discuto diariamente sobre tantos assuntos, trocando ideias e compartilhando reflexões.

    Meus amigos de longa data Gianni B., Luca G., Marco e Mauro C., Stefano S.

E ainda Barbara, Monica, Cecilia e, definitivamente, Chiara, que, mesmo que não saibam, estão presentes nestas páginas. Estão todos lá, e muito.

Assim como Alessandro M. e Alberto O., com quem compartilhei intensas experiências jornalísticas e editoriais, mas principalmente humanas.

Meu querido "irmão" brasileiro Darwin P. e Mauro B., que estimo profundamente e com quem compartilho paixões e visões.

Meus alunos, que me enriquecem com seu constante estímulo, fonte de entusiasmo e de esperança.

Também gostaria de agradecer a alguns amigos especiais que acreditaram em mim e me possibilitaram escrever, durante todos esses anos: de Simone da editota Rogas, a Francesco e Fernando da editora effequ, de Mauro e Marco da Odoya, a Silvia da Seid, de Manolo da Mimesis, a Lorenzo da Battaglia.

Agradecimentos especiais a Edoardo Caizzi e Andrea Staid, que me possibilitaram realizar o sonho deste livro, e a Serena Cabibbo, pelo rigoroso trabalho de revisão do texto italiano.

Sou igualmente grato a Cristina Fernandes Warth e Mariana Warth, minhas editoras desta versão brasileiras; a Raul Loureiro, pela diagramação, pela editoração e pela feitura da capa; e aos funcionários da Pallas que deram materialidade brasileira a um livro italiano. Uma palavra de gratidão fica registrada para Adriana Marcolini pela tradução.

Finalmente, obrigadíssimo a quem, ao me ler, compreender — e espero, compartilhará — paixões, visões e sentimentos em relação a um país único.

BIBLIOGRAFIA

AGUIAR, Joselia. *Jorge Amado*: uma biografia. São Paulo: Todavia, 2018.
AIME, Marco. *Comunità*. Bologna: Il Mulino, 2019.
ALVIM, Zuleika M. F. *Brava gente!*: os italianos em São Paulo. São Paulo: Brasiliense, 1986.
AMADO, Jorge. *Bahia. Le strade e le piazze, la gente e le feste, gli incanti e i misteri*. Milano: Garzanti, 1992 [*Bahia de todos os santos*, 1945].
AMADO, Jorge. *Dona Flor e i suoi due mariti*. Milano: Garzanti, 1977 [*Dona Flor e seus dois maridos*, 1966].
AMADO, Jorge. *Jubiabá*. Torino: Einaudi, 1952 [*Jubiabá*, 1935].
AMADO, Jorge. *La Bottega dei Miracoli*. Milano: Garzanti, 1978 [*Tenda dos Milagres*, 1969].
AMADO, Jorge. *Mar morto*. Milano: Mondadori, 1985 [*Mar Morto*, 1936].
AMADO, Jorge. *Santa Barbara dei fulmini*. Milano: Garzanti, 1989 [*O sumiço da santa*, 1988].
ANDRADE, Mário de. *Macunaima*. Milano: Adelphi, 1990 [*Macunaíma*, 1926].
AZEVEDO, Thales de. *A praia*: espaço de socialidade. Salvador: Edufba, 2016.
BARBA, Bruno. *Bahia, la Roma Negra di Jorge Amado*. Milano: Unicopli, 2004.

BARBA, Bruno. *Brasil meticcio*. Torino: Il Segnalibro, 2004.
BARBA, Bruno. *Dio negro, mondo meticcio*: sesso, senso, natura tra Africa e Brasile. Firenze: Seid, 2013.
BARBA, Bruno. *Il corpo, il rito, il mito*: un'antropologia dello sport. Torino: Einaudi, 2021.
BARBA, Bruno. *Ma quale DNA?*, Imola: Bataglia, 2023.
BARBA, Bruno. *Meticcio*: l'opportunità della differenza. Firenze: Effequ, 2018.
BARBA, Bruno. *Rio de Janeiro*: ritratto di una città. Bologna: Odoya, 2015.
BARBA, Bruno. *San Paolo*: ritratto di una città. Bologna: Odoya, 2017.
BARBA, Bruno. *Santi, demoni, orixás*: odoya e la mistica del candomblé. Bologna: Odoya, 2021.
BARBA, Bruno. *Tutto è relativo*: la prospettiva in antropologia. Firenze: Seid, 2008.
BARBA, Bruno. *Un antropologo nel pallone*. Roma: Meltemi, 2007.
BARRETTI FILHO, Aulo (org.). *Dos Yorúbá ao candomblé Kétu*: origens, tradições e continuidade. São Paulo: Edusp, 2010.
BASTIDE, Roger. *Il sacro selvaggio*. Milano: Jaca Book, 1979 [*O sagrado selvagem*, 2006].

209

BASTIDE, Roger. *Le Americhe nere*. Firenze: Sansoni, 1970 [*As Américas negras*, 1974].

BASTIDE, Roger. *Noi e gli altri*. Milano: Jaca Book, 1990 [1970].

BASTIDE, Roger. *O candomblé da Bahia*. São Paulo: Companhia das Letras, 2001 [1958].

BELLOS, Alex. *Futebol. Lo stile di vita brasiliano*. Milano: Baldini Castoldi dalai, 2003.

BERNARDO, Teresinha. *Memória in bianco e negro*: sguardi sulla città di San Paolo. Roma: Cisu, 2011 [*Memória em branco e negro*, 1998].

BETTINI, Maurizio. *Elogio del politeísmo*: quello che possiamo imparare oggi dalle religioni antiche. Bologna: Il Mulino, 2014.

BHABHA, Homi. *I luoghi della cultura*. Roma: Meltemi, 2005 [2001].

BRUM, Eliane. *Le vite che nessuno vede*. Palermo: Sellerio, 2020.

CANEVACCI, Massimo. *La città polifonica*: saggio sull'antropologia della comunicazione urbana. Roma: Rogas, 2018 [*A cidade polifônica*, 1993].

CANEVACCI, Massimo. *Sincretismi. Esplorazioni diasporiche sulle ibridazioni culturali*. Milano: Costa & Nolan, 2004.

CARDOSO, Tom. *Outras palavras*: seis vezes Caetano. Rio de Janeiro: Record, 2022.

CARLI, Ana Mery Sehbe de; RAMOS, Flávia Brocchetto (org.). *Tropicália*: gêneros, identidades, repertórios e linguagens. Caxias do Sul: Educs, 2008.

CARNEIRO, Edison. *Candomblés da Bahia*. Rio de Janeiro: Civilização Brasileira, 1947.

CARNEIRO, Edison. *Religiões negras*. Rio de Janeiro: Civilização Brasileira, 1937.

CASTRO, Ruy. *A arte de querer bem*: crônicas. Rio de Janeiro: Estação Brasil, 2018.

CASTRO, Ruy. *Carnaval no fogo*: crônica de uma cidade excitante demais. São Paulo: Companhia das Letras, 2003.

CAVALCANTI, Roberto Albuquerque de. *Gilberto Freyre e a invenção do Brasil*. Rio de Janeiro: José Olympio, 2000.

CECLA, Franco La. *Il malinteso*: Antropologia dell'incontro. Roma-Bari: Laterza, 2009.

CLIFFORD, James. *I frutti puri impazziscono*. Torino: Bollati Boringhieri, 1993.

COROSSACZ, Valeria Ribeiro. *Il corpo della nazione*: classificazione razziale e gestione sociale della riproduzione in Brasile. Roma: Cisu, 2004.

DAMATTA, Roberto. *A casa e a rua*: espaço, cidadania, mulher e morte no Brasil. Rio de Janeiro: Rocco, 1997.

DAMATTA, Roberto. *O que faz o Brasil, Brasil?* Rio de Janeiro: Rocco, 1984.

DEL PRIORE, Mary. *Histórias da gente brasileira, volume 4. República*: testemunhos (1951-

FALDINI, Luisa. *Biylú, è nato per la vita*: creazione dello spazio e della persona in un terreiro nagô a Juquitiba (Brasile). Roma: Cisu, 2009.

FALDINI, Luisa. *Sotto le acque abissal*: vodu e candomblé, due religioni afro-americane. Roma: Aracne, 2012.

FERRETTI, Sérgio Figueiredo. *Repensando o sincretismo*: estudo sobre a Casa das Minas. São Paulo e São Luís: Edusp/Fapema, 1995.

FIGUEIREDO, Janaína de. *Nação angola*: caboclos, nkissi e as novas mediações. Rio de Janeiro: Pallas, 2022.

FILHO, Mario. *O negro no futebol brasileiro*. Rio de Janeiro: Mauad, 2003 [1947].

FREYRE, Gilberto. *Case e catapecchie. La decadenza del patriarcato rurale brasiliano e lo sviluppo della famiglia urbana*. Torino: Einaudi, 1972 [*Sobrados e mucambos*, 1936].

FREYRE, Gilberto. *Padroni e schiavi. La formazione della famiglia brasiliana in regime di economia patriarcale*. Torino: Einaudi, 1965 [*Casa-grande & senzala*, 1933].

GEERTZ, Clifford. *Antropologia interpretativa*. Bologna: Il Mulino, 1988 [1983].

GEERTZ, Clifford. *Interpretazioni di culture*. Bologna: Il Mulino, 1987 [*A interpretação das culturas*, 1973].

GOLDENBERG, Mirian. *O corpo como capital*: estudos sobre gênero, sexualidade e moda na cultura brasileira. São Paulo: Estação das Letras e Cores, 2010.

GOMES, Graziela Laura; BARBOSA, Livia; DRUMMOND. José Augusto (org.). *O Brasil não é para principiantes*: Carnavais, malandros e heróis, 20 anos depois. Rio de Janeiro: FGV, 2000.

HAMBURGER, Esther. *O Brasil antenado*: a sociedade da novela. Rio de Janeiro: Zahar, 2005.

HOLANDA, Sérgio Buarque de. *Radici del Brasile*. Firenze: Giunti, 2000 [*Raízes do Brasil*, 1936].

KAMEL, Ali. *Não somos racistas*. Rio de Janeiro: Nova Fronteira, 2006.

KAZ, Stela. *Um jeito Copacabana de ser*. Rio de Janeiro: PUC, 2014.

LANDES, Ruth. *A cidade das mulheres*. Rio de Janeiro: Civilização Brasileira, 1967 [1947].

LAPASSADE, Georges. *Dal Candomblé al tarantismo*. Dogliani: Sensibili alle Foglie, 2001 [1997].

LÉVI-STRAUSS, Claude. *Saudades de São Paulo*. São Paulo: Companhia das Letras, 1996.

LÉVI-STRAUSS, Claude. *Tristi tropici*. Milano: Il Saggiatore, 1960 [*Tristes trópicos*, 1955].

LIGIÉRO, Zeca, *Corpo a corpo*: estudo das performances brasileiras. Rio de Janeiro: Garamond, 2011.

LODY, Raul. *O povo de santo*: religião, história e cultura dos orixás, voduns, inquices

e caboclos. Rio de Janeiro: Pallas, 1995.
MARIANO, Ricardo. *Neopentecostais*: sociologia do novo pentecostalismo no Brasil. São Paulo: Loyola, 1999.
MARIANO, Ricardo. *Neopentecostalismo*: os pentecostais estão mudando. São Paulo: USP, 1995.
MIRANDA ROCHA, Agenor. *Caminhos de Odu*. Rio de Janeiro: Pallas, 1988.
MUNANGA, Kebengele. *Rediscutindo a mestiçagem no Brasil*. Belo Horizonte: Autêntica, 2004.
NIEMEYER, Oscar; RIVA, Alberto (org.). *Il mondo è ingiusto. L'ultima lezione di un grande del nostro tempo*. Milano: Mondadori, 2012.
PAIVA, Raquel; SODRÉ, Muniz. *Telenovela Rio:* cartografia della televisione e della fama nella città di Rio de Janeiro. Roma: Bulzoni, 2008.
PEREIRA, Armando dos Santos. *O Brasil que nós somos*: do império aos governos militares. Petrópolis: Vozes, 2002.
PIERUCCI, Flavio; PRANDI, Reginaldo. *A realidade social das religiões no Brasil*. São Paulo: Hucitec, 1996.
PIKETTY, Thomas. *Misurare il razzismo:* vincere le discriminazioni. Milano: La Nave di Teseo, 2023.
PRADO, Paulo. *Ritratto del Brasile*: saggio sulla tristezza brasiliana. Roma: Bulzoni, 1995 [*Retrato do Brasil*, 1928].
PRANDI, Reginaldo. *Brasil africano*: deuses, sacerdotes, seguidores. São Paulo: Arché, 2022.
PRANDI, Reginaldo. *Città in trance. Culti di possessione nella metropoli brasiliana*. Roma: Acta, 1991 [*Os candomblés de São Paulo*, 1991].
PRANDI, Reginaldo. *Contos e lendas afro-brasileiros*: a criação do mundo. São Paulo: Companhia das Letras, 2007.
PRANDI, Reginaldo. *I principi del destino*. Roma: Cisu, 2013 [*Os príncipes do destino*, 2001].
PRANDI, Reginaldo. *Mitologia degli orixás*. Trad.: Bruno Barba. Firenze: Editpress, 2015 [*Mitologia dos orixás*, 2001].
PRANDI, Reginaldo. *Os candomblés de São Paulo*. São Paulo: Hucitec, 1991 [ed. atualizada Arché. São Paulo, 2020].
PRANDI, Reginaldo. *Pombagira dos candomblés e umbandas e as faces inconfessas do Brasil*. Cassino, 11-13 aprile 1994, Convegno Internazionale di Antropologia Storica, 1994.
PRANDI, Reginaldo. *Segredos guardados*. São Paulo: Companhia das Letras, 2005.
PRANDI, Reginaldo; BARBA, Bruno. Le foglie sacre dell'Afro--America: il rito delle foglie nella medicina magica della religione del condomblé. *In*: Atti del III Colloquio Europeo di Etnofarmacologia. Genova: Erga, 1999. p. 345-357.

QUEIROZ, Renato da Silva. *O corpo do brasileiro*: estudos de estética e beleza. São Paulo: Senac, 2008.

QUERINO, Manuel. *Costumes africanos no Brasil*. Rio de Janeiro: Civilização Brasileira, 1938.

RAMOS, Arthur. *As culturas negras no novo mundo*. São Paulo: Nacional, 1979.

RIBEIRO, Darcy. *Le Americhe e le civiltà*. Torino: Einaudi, 1975 [*As Américas e a civilização*, 1970].

RODRIGUES, Raimundo Nina. *O animismo fetichista dos negros bahianos*. Rio de Janeiro: UFRJ/Fundação Biblioteca Nacional, 2006 [1897].

SANTOS, Lidia. *Kitsch tropical*: los medios en la literatura y el arte en America Latina. Madrid: Iberoamericana, 2004.

SCHWARCZ, Lilia Moritz; GOMES, Flávio dos Santos. *Dicionário da escravidão e liberdade*. São Paulo: Companhia das Letras, 2018.

SCHWARCZ, Lilia Moritz. *O espetáculo das raças*: Cientistas, instituições e questão racial no Brasil – 1870-1930. São Paulo: Companhia das Letras, 2008.

SILVA Jr., Hédio. Notas sobre sistema jurídico e intolerância religiosa no Brasil. *In*: SILVA Vagner G. da (org.). *Intolerância religiosa*: impactos do neopentecostalismo no campo religioso afrobrasileiro. São Paulo: Edusp, 2007. p. 303-323.

SOBRAL, Marisa; AGUIAR, Luiz Antonio. *Para entender o Brasil*. São Paulo: Alegro, 2000.

SODRÉ, Muniz. *O fascismo da cor*: uma radiografia do racismo nacional. São Paulo: Vozes, 2023.

TAVARES, Flávio. *Memorie dell'oblio*. Roma: Castelvecchi, 2023 [*Memórias do esquecimento*, 2022].

TRINDADE, Liana. *Exu, poder e perigo*. São Paulo: Icone, 1985.

TOLEDO, Roberto Pompeu de. *A capital da vertigem*: uma história de São Paulo de 1900 a 1954. Rio de Janeiro: Objetiva, 2015.

VALLADO, Armando. *Iemanjá*: a grande mãe africana do Brasil. Rio de Janeiro: Pallas, 2002.

VALLADO, Armando. *Lei do santo*: poder e conflito no candomblé. Rio de Janeiro: Pallas, 2010.

VAZ, Toninho. *Solar da Fossa*: um território de liberdade, impertinências, ideias e ousadias. Casa da Palavra: Rio de Janeiro, 2011.

VELOSO, Caetano. *Verità tropicale*: musica e rivoluzione nel mio Brasile. Roma: Sur, 2019 [*Verdade tropical*, 2017].

VENTURA, Zuenir. *Viva Rio*: reportage di una città divisa. Milano: Feltrinelli, 1997.

VERGER, Pierre. *Lendas africanas dos orixás*. Salvador: Corrupio, 1985.

VERGER, Pierre. *Notas sobre o culto aos orixás e voduns*. São Paulo: Edusp, 1998.

VERGER, Pierre. *Orixás*: deuses iorubás na África e no Novo Mundo. Salvador: Corrupio, 1981.

VIANNA, Hermano. *Il mistero del samba. Contaminazioni e fantasmi dell'autenticità*. Genova-Milano: Costa & Nolan, 1998 [*O mistério do samba*, 1995].

VIEIRA, Fernando Antonio; HIRAN, Roedel (org.). *Rio de Janeiro:* panorama sociocultural. Rio de Janeiro: Editora Rio, 2004.

ZWEIG, Stefan. *Brasil, um país do futuro*. Porto Alegre: L&PM, 2006 [1941].

ZWEIG, Stefan. *Il mondo di ieri. Ricordi di un europeo*. Roma: Newton Compton, 2013 [*O mundo de ontem*, 1944].

fontes Fournier MT Std e Fakt
papel offset 75g/m²
impressão Gráfica Edelbra, fevereiro de 2025
1ª edição